Parabéns! A Coleção Akpalô tem um conteúdo digital completo e exclusivo esperando por você!

Para utilizar todos os recursos digitais da coleção, acesse o portal:
www.editoradobrasil.com.br/akpalo

Cadastre-se no portal e aproveite o conteúdo exclusivo!

1º - **Entre em Acesso ao conteúdo restrito**, clique em Cadastre-se e escolha a opção Aluno.

2º - **Digite o código de acesso**:
8573205A2041838

Você pode digitar todos os códigos que tiver! 😉

3º - **Preencha o cadastro** com suas informações.

Viu como é fácil? Acesse e transforme seus estudos em uma experiência única de aprendizado.

Denise Bigaiski
Lilian Sourient

Ciências

Palavra de origem africana que significa "contador de histórias, aquele que guarda e transmite a memória do seu povo"

Dados Internacionais de Catalogação na Publicação (CIP)
(Câmara Brasileira do Livro, SP, Brasil)

Bigaiski, Denise
   Akpalô ciências, 5º ano / Denise Bigaiski, Lilian Sourient. --
3. ed. -- São Paulo : Editora do Brasil, 2015. -- (Coleção akpalô)

   ISBN 978-85-10-06090-5 (aluno)
   ISBN 978-85-10-06091-2 (professor)

   1. Ciências (Ensino fundamental) I. Sourient, Lilian. II. Título. III. Série.

15-06910   CDD-372.35

Índices para catálogo sistemático:
1. Ciências : Ensino fundamental 372.35

© Editora do Brasil S.A., 2015
Todos os direitos reservados

Direção geral: Vicente Tortamano Avanso
Direção adjunta: Maria Lucia Kerr Cavalcante de Queiroz

Direção editorial: Cibele Mendes Curto Santos
Gerência editorial: Felipe Ramos Poletti
Supervisão editorial: Erika Caldin
Supervisão de arte, editoração e produção digital: Adelaide Carolina Cerutti
Supervisão de direitos autorais: Marilisa Bertolone Mendes
Supervisão de controle de processos editoriais: Marta Dias Portero
Supervisão de revisão: Dora Helena Feres
Consultoria de iconografia: Tempo Composto Col. de Dados Ltda.

Coordenação de edição: Angela Sillos
Coordenação pedagógica: Josiane Sanson
Edição: Eduardo Passos, Nathalia C. Folli Simões e Sabrina Nishidomi
Assistência editorial: Érika Maria de Jesus, Mateus Carneiro Ribeiro Alves e Renato Macedo de Almeida
Auxílio editorial: Aline Tiemi Matsumura e Ana Caroline Mendonça
Coordenação de revisão: Otacilio Palareti
Copidesque: Ricardo Liberal, Gisélia Costa e Sylmara Beletti
Revisão: Alexandra Resende, Ana Carla Ximenes, Andrea Andrade, Elaine Fares e Maria Alice Gonçalves
Coordenação de iconografia: Léo Burgos
Pesquisa iconográfica: Adriana Abrão, Denise Sales e Joanna Helizskowski
Coordenação de arte: Maria Aparecida Alves
Assistência de arte: Carla Del Matto
Design gráfico: Estúdio Sintonia
Capa: Maria Aparecida Alves
Imagem de capa: Rosinha
Ilustrações: Alberto di Stefano, Alex Cói, Conexão, Dawidson França, Eduardo Belmiro, Estúdio Mil, Flip Estúdio, Jean Galvão, Leonardo Conceição, Luis Moura, Marcos de Mello, Paula Radi, Paulo César Pereira, Reinaldo Rosa, Reinaldo Vignatti, Vagner Coelho, Zubartez
Produção cartográfica: Alessandro Passos da Costa, DAE (Departamento de Arte e Editoração) e Sonia Vaz
Coordenação de editoração eletrônica: Abdonildo José de Lima Santos
Editoração eletrônica: N-Publicações
Licenciamentos de textos: Cinthya Utiyama, Paula Harue Tozaki e Renata Garbellini
Coordenação de produção CPE: Leila P. Jungstedt
Controle de processos editoriais: Beatriz Villanueva, Bruna Alves, Carlos Nunes e Rafael Machado

3ª edição / 2ª impressão, 2017
Impresso na São Francisco Gráfica e Editora

Rua Conselheiro Nébias, 887 – São Paulo/SP – CEP 01203-001
Fone: (11) 3226-0211 – Fax: (11) 3222-5583
www.editoradobrasil.com.br

Querido aluno,

O que há no Universo e como ele surgiu? Como posso cuidar da natureza? Quantos tipos de animais existem? De que modo as plantas se reproduzem? Como funciona o corpo humano? O que é energia?

Aprender Ciências torna-se muito mais prazeroso quando a investigamos e a colocamos em prática, ou seja, quando "fazemos" ciência. Quem não gosta de investigar situações-problemas para solucioná-las? Por isso, esteja atento a tudo que o cerca, faça perguntas, formule hipóteses, realize experimentos, seja criativo, tenha espírito crítico.

Todos nós construímos a ciência! Participe dos trabalhos em equipe, opine, discuta ideias sempre ouvindo e respeitando a opinião de todos. Contribua para seu aprendizado e o dos colegas.

Desejamos que você se torne o protagonista do próprio aprendizado e esteja certo de suas decisões. Sua atuação pode fazer a diferença.

Aproveite bem este ano!

Um grande abraço!

As autoras

Conheça as autoras

Denise Bigaiski
- Licenciada em Ciências Biológicas
- Pós-graduada em Magistério Superior
- Professora do Ensino Fundamental

Lilian Sourient
- Bacharel e licenciada em Ciências Sociais
- Professora do Ensino Fundamental

Conheça seu livro

Baú de informações: traz textos informativos que aprofundam e complementam o conteúdo.

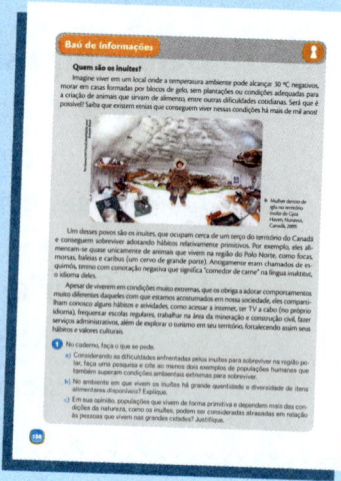

Diálogo inicial: apresenta o tema do capítulo e algumas questões. Ao respondê-las, você se lembrará de coisas que já sabe e são importantes para iniciar o estudo do tema.

Atividades: é o momento de refletir sobre o conhecimento adquirido e fixá-lo. Em vários momentos você encontrará atividades interdisciplinares, isto é, que trabalham assuntos de duas ou mais disciplinas.

Na prática: são atividades dinâmicas e agradáveis – você irá desenhar, recortar, colar, além de pesquisar e conversar com pessoas sobre diversos assuntos.

Olho vivo!: apresentada no formato de lembrete, traz orientações específicas, dicas ou sugestões, e chama a atenção para aspectos importantes do que está sendo abordado.

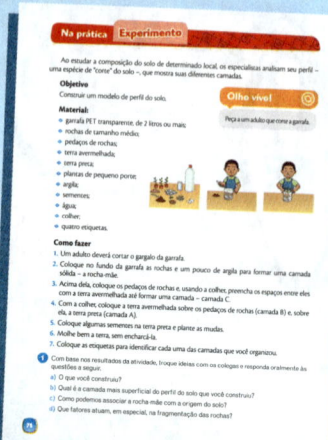

Na prática – Experimento: você fará experimentos seguindo procedimentos (passos) como observação, construção de modelo, interpretação de fatos e conclusão.

Valores e vivências: textos sobre saúde, meio ambiente, ética, formação cidadã, consumo etc. Você saberá mais sobre a maneira de cada um ser, ver, fazer e entender as diferentes situações do dia a dia.

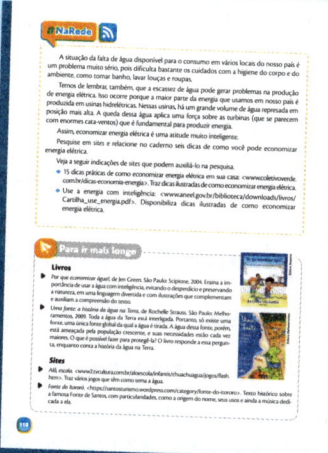

#NaRede: atividades orientadas para você começar a ter contato com o ambiente digital e, aos poucos, adquirir autonomia na hora de pesquisar na internet.

Para ir mais longe: gostou do assunto estudado e quer saber ainda mais? Aqui há dicas de livros, filmes e *sites* que poderão enriquecer seu repertório.

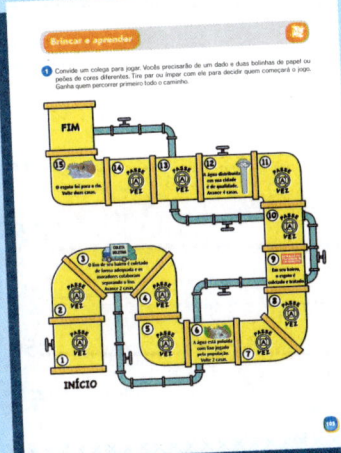

Brincar e aprender: atividade descontraída e contextualizada com o capítulo, que revisa ou aprofunda o conteúdo de forma lúdica.

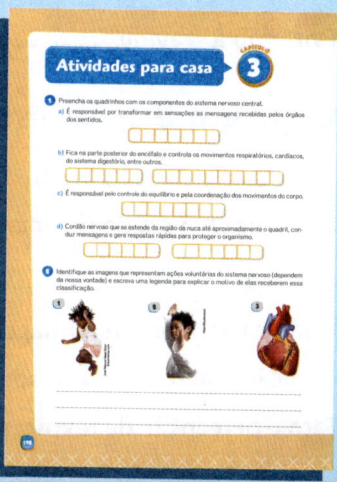

Atividades para casa: no final do livro, você encontra atividades de todos os capítulos para fazer em casa, facilitando assim o estudo.

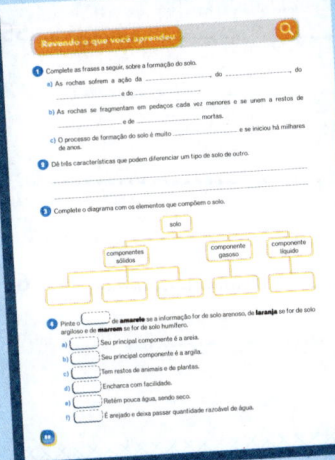

Um pouco mais sobre: textos, músicas, poemas e outros gêneros artísticos apresentam curiosidades sobre o tema estudado.

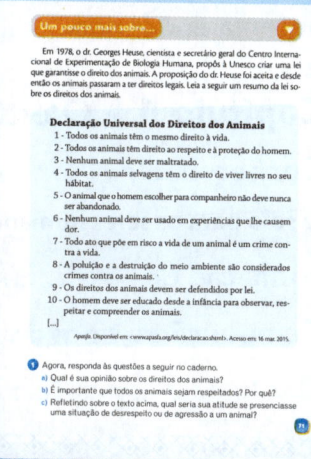

Revendo o que você aprendeu: por meio das atividades de revisão, você retomará os conteúdos explorados no capítulo, assimilando melhor o que estudou.

Sumário

Capítulo 1 ▸ Locomoção 10
Sistema locomotor 11
Sistema esquelético 11
Sistema muscular 21

Capítulo 2 ▸ Reprodução humana 30
Diferenças entre homens e mulheres 31
Sistema genital masculino 31
Sistema genital feminino 32
As mudanças típicas da adolescência 36
Fecundação e gravidez 39
Evitando a gravidez 42

Capítulo 3 ▸ Controle do organismo e sentidos 48
Sistema nervoso 49
Os componentes do sistema nervoso 50
Percepção do mundo 53
Visão e percepção das imagens 53
Audição e percepção dos sons 53
Tato e percepção de texturas, temperatura e dor 54
Olfato e percepção dos cheiros 55
Gustação e percepção dos gostos 55
Sistema endócrino 59

Capítulo 4 ▸ O estudo do solo 64
Conhecendo melhor o solo 65
O solo para os seres humanos 67
Formação do solo 71
Composição e tipos de solo 73
O solo para agricultura 76
Preservação e degradação do solo 77

Capítulo 5 ▸ A água no planeta 82
A água é fundamental à vida 83
O uso da água pelos seres humanos 85
Os estados físicos da água e suas mudanças 89
O ciclo da água 92
Propriedades da água 97
A água é um solvente universal 97
A água exerce pressão 98
A tensão superficial da água 99
Tratamento da água 101
Saneamento básico 103
Preservação da água 109

Capítulo 6 ▸ Conhecendo o ar 118
Onde está o ar? 119
Propriedades do ar 125
O ar ocupa lugar no espaço 125
O ar não tem forma definida 125
O ar tem massa 125
O ar exerce pressão 125
O ar pode ficar comprimido 129
O vento 132
A ação dos ventos 133
Poluição do ar 136

Capítulo 7 ▸ Ambientes da Terra e sustentabilidade 144
Ambientes da Terra 145
Diferentes ambientes terrestres e alguns de seus habitantes 146
A vida nos desertos e nas regiões geladas 148
A vida nas florestas, nos campos e nas savanas 153
A vida nas grandes altitudes e no ambiente aquático 158
Biomas brasileiros 164
A vida nas cidades 166
Sustentabilidade 171

Capítulo 8 ▸ Som, luz e calor 178
Som 179
Principais características do som 180
Luz 183
Calor 186
Condução de calor 187

Atividades para casa 194

Encartes 211

CAPÍTULO 1

Locomoção

Observe o quadro produzido sob a modalidade artística conhecida como arte *naïf*.

Galeria Jacques Ardies

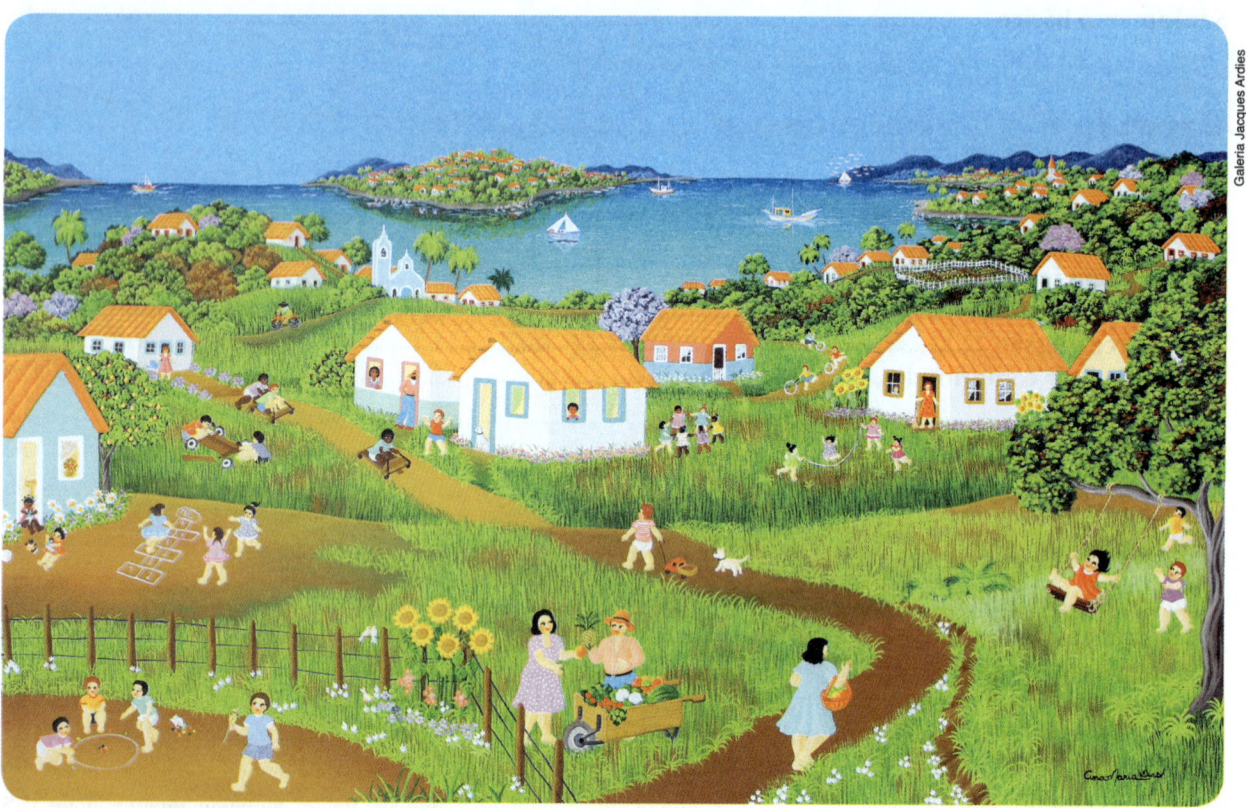

Ana Maria Dias. *Férias felizes*, 2014. Acrílico sobre tela, 50 × 80 cm.

Diálogo inicial

1. Na tela acima estão retratadas várias pessoas fazendo diferentes atividades. Cite algumas.
2. Você já realizou algumas das atividades mostradas na cena? Quais?
3. Qual é sua brincadeira preferida?
4. Você sabe que partes do corpo são responsáveis por nossos movimentos?

Sistema locomotor

Até mesmo o simples ato de levantar um copo depende do **sistema locomotor**, que é formado pelo **sistema esquelético** e pelo **sistema muscular**. Portanto, para qualquer movimento, precisamos do sistema locomotor.

O sistema locomotor é comandado pelo sistema nervoso – que você estudará mais adiante neste livro. Esses dois sistemas atuam em conjunto realizando os movimentos, como dançar, jogar bola, correr, erguer os braços, entre outros.

Sistema esquelético

Observe a imagem ao lado.

O fêmur e a tíbia são dois ossos localizados nos membros inferiores. Os **ossos** são estruturas rígidas, presentes no interior do organismo de muitos animais, que dão sustentação ao corpo.

O sistema esquelético ou esqueleto humano adulto é formado por muitos ossos. No caso de crianças, até determinada idade, esse número é variável, pois alguns ossos estão em processo de formação.

▶ Por fora, o corpo dela é assim.

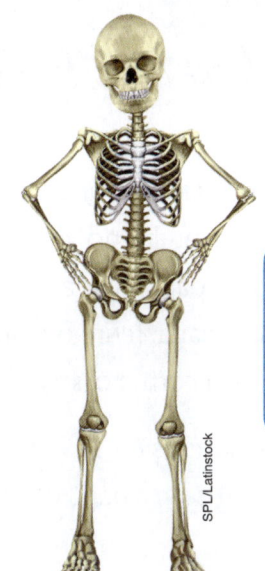

▶ Por dentro, o esqueleto dela é assim. Seu organismo é sustentado por ossos.

Na figura foram utilizadas cores-fantasia. Os elementos não estão representados proporcionalmente entre si, e os tamanhos não correspondem à realidade.

O osso – órgão mais duro do corpo humano – é constituído por diversos tecidos, com predominância do tecido ósseo, composto de vários sais minerais, entre eles o fósforo e o cálcio, este último responsável por sua rigidez. Para garantir ossos saudáveis ao longo da vida, é preciso tomar sol em horários apropriados – antes das 10 h da manhã e depois das 16 h –, sempre usando protetor solar, evitar o fumo e o álcool, praticar exercícios físicos regularmente e ingerir alimentos ricos em cálcio.

Na prática — Experimento

Objetivo

Constatar a função dos componentes dos ossos.

Material:
- dois ossos de frango crus;
- um recipiente de vidro (pode ser um frasco de conservas);
- vinagre;
- prato.

Como fazer

1. Preencha o recipiente com vinagre.
2. Mergulhe um osso inteiro no vinagre por aproximadamente uma semana.
3. Deixe o outro osso para secar ao sol.
4. Depois de uma semana, retire o osso do vinagre e tente quebrá-lo.
5. Faça a mesma coisa com o osso colocado para secar.

1 Com base nos resultados da atividade, responda às questões a seguir.

a) O que aconteceu com o osso deixado no vinagre? E com o osso deixado ao sol?

_____

_____

b) Considerando que os sais minerais dão rigidez ao osso, o que é possível concluir a respeito do efeito do vinagre sobre ele?

_____

_____

⇒ Conhecendo os ossos do corpo humano

Observe, na imagem a seguir, o esqueleto humano visto de frente e conheça as principais estruturas ósseas do corpo.

Na figura foram utilizadas cores-fantasia. Nem todos os ossos do corpo humano são apresentados no esquema. A proporção entre as dimensões dos ossos não corresponde à realidade.

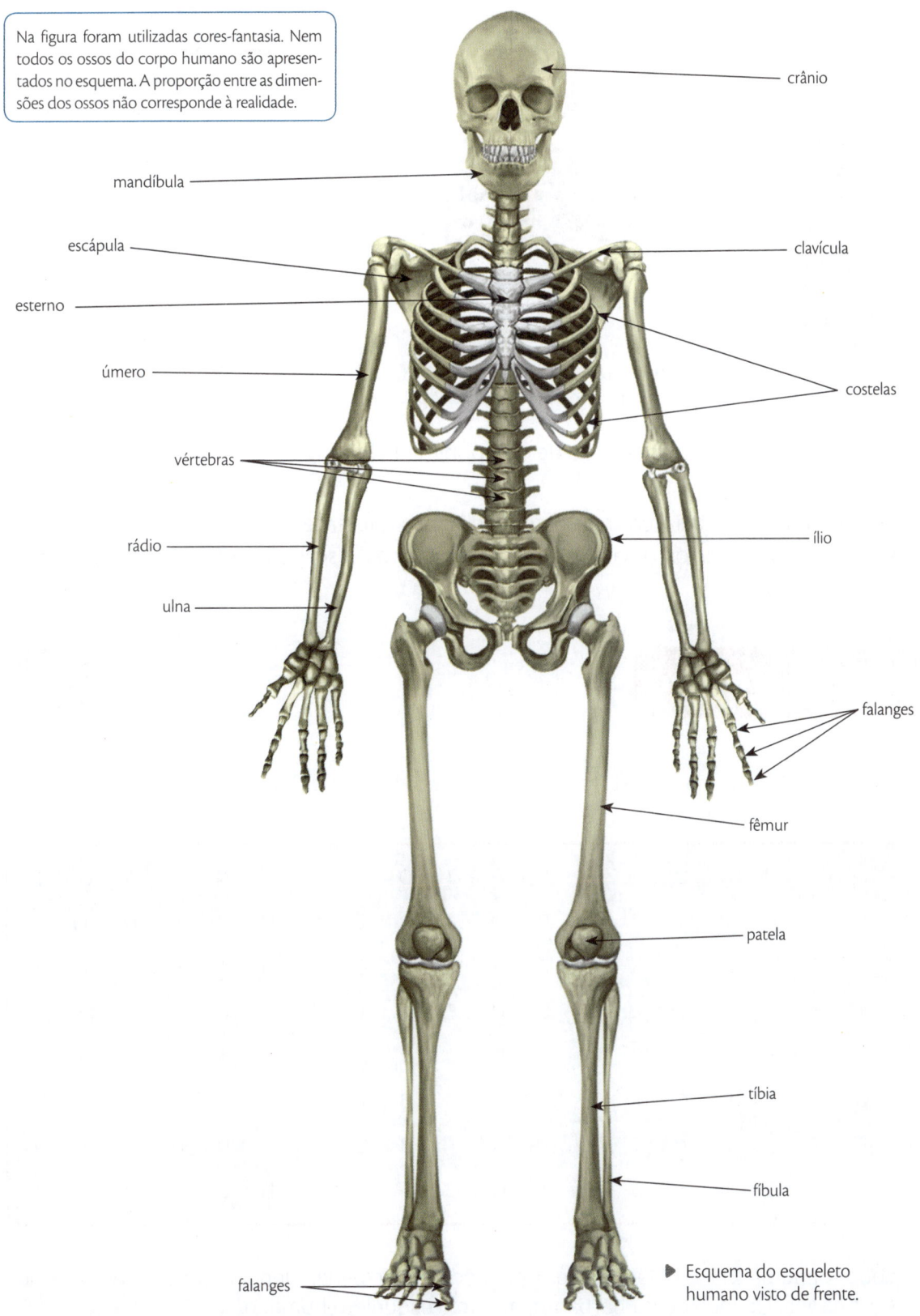

- crânio
- mandíbula
- escápula
- esterno
- úmero
- vértebras
- rádio
- ulna
- clavícula
- costelas
- ílio
- falanges
- fêmur
- patela
- tíbia
- fíbula
- falanges

▶ Esquema do esqueleto humano visto de frente.

Os ossos são responsáveis pela sustentação do organismo. Além disso, são importantes na proteção de órgãos, como é o caso do crânio, que protege o **encéfalo**, e da caixa torácica, que protege o coração e os pulmões.

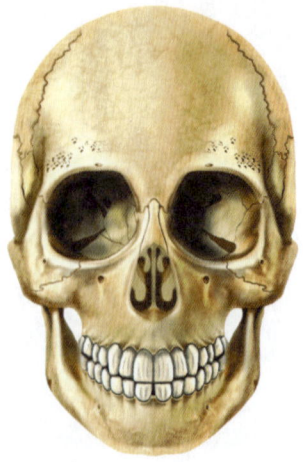

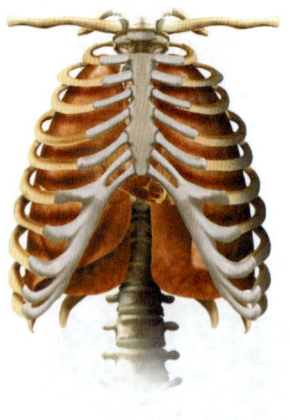

> **Vocabulário**
>
> **Encéfalo:** localizado dentro do crânio, é responsável por controlar as diversas funções do organismo, além de formular os pensamentos e armazenar informações.

Nas figuras foram utilizadas cores-fantasia. Os elementos não estão representados proporcionalmente entre si, e os tamanhos não correspondem à realidade.

▶ O crânio protege o encéfalo.

▶ A caixa torácica expande durante a inspiração do ar e protege os pulmões.

Os ossos também atuam na produção de componentes do sangue e armazenam sais minerais, como o cálcio e o fósforo.

Como você viu na página anterior, os ossos são muito diferentes uns dos outros. Eles podem ser longos (fêmur, tíbia), curtos (falanges, vértebras), chatos (escápula, ossos do crânio), entre outros formatos.

Brincar e aprender

1 Procure no diagrama o nome de cinco ossos do corpo humano. Depois, localize em seu corpo onde estão esses ossos.

Q	U	I	M	P	U	E	R	R	H	J	O	P	J	U	N	T	A	D	I
U	L	N	A	M	Í	Z	A	P	O	L	B	E	M	U	R	A	D	I	E
A	T	E	L	A	L	X	T	E	R	I	B	O	N	H	I	E	I	Y	S
N	I	V	E	L	I	O	S	S	O	F	A	L	A	N	G	E	S	M	T
P	E	R	I	E	O	P	A	T	R	O	L	A	J	U	I	S	A	D	E
R	U	M	O	R	C	L	A	V	Í	C	U	L	A	I	T	R	E	N	R
F	E	M	U	L	A	T	E	L	A	I	B	U	L	A	N	D	R	E	N
U	M	I	D	O	L	A	V	I	C	U	L	A	R	E	D	I	O	S	O

2 Destaque a página 211 e cole-a em um pedaço de cartolina. Depois de seca, recorte nos locais indicados. Usando fio ou barbante, monte o esqueleto humano.

Baú de informações

Fraturas ósseas

Após uma queda ou outro tipo de acidente, um osso pode se quebrar, gerando uma **fratura**. Existem vários tipos de fraturas. Fratura exposta é aquela em que o osso se quebra, rompe a pele e fica visível por fora do corpo. Quando o osso se quebra sem romper a pele, chamamos de fratura fechada, como mostra a radiografia a seguir.

> **Vocabulário**
>
> **Radiografia:** imagem obtida com raios X para investigar o interior de um corpo.

Em todos os casos de fratura é importante procurar um hospital o quanto antes para que um médico indique o tratamento adequado.

Na maioria das vezes, é necessário acertar a posição do osso e imobilizar com gesso o local fraturado. Enquanto isso, o próprio organismo realiza o processo de restauração do osso até que este volte a exercer sua função.

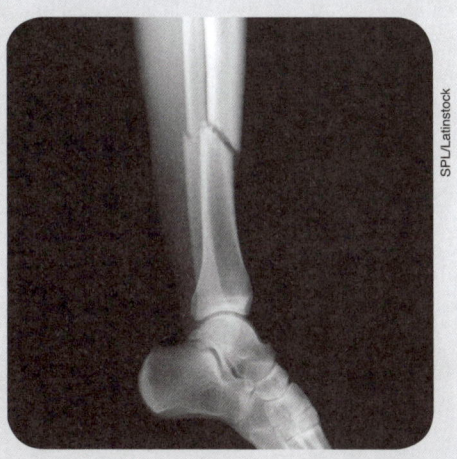

▶ Fratura fechada nos ossos da perna.

1 Você já sofreu alguma fratura? Em caso afirmativo, conte para os colegas qual osso foi fraturado, como ocorreu a fratura e qual foi o tratamento aplicado.

2 Descubra e responda oralmente qual fratura possivelmente cada indivíduo sofreu nas situações a seguir.

a) Fábio estava andando de *skate* quando perdeu o equilíbrio e caiu. Após a queda, percebeu que sua perna estava um pouco torta e doía muito. Foi preciso fazer uma radiografia para saber a gravidade da fratura. Qual é a provável fratura que ele sofreu?

b) Michele, ao jogar basquete, caiu sobre a mão. Sentiu uma forte dor no punho e pôde ver a ponta de seus ossos para fora da pele. Qual é a provável fratura que ela sofreu?

Para ir mais longe

Livro

▶ *Incrível raio X: corpo humano*, de Paul Beck. São Paulo: Girassol, 2011.
O livro traz várias radiografias do corpo humano e de animais, mostrando como a estrutura óssea afeta os movimentos e o que acontece dentro do corpo.

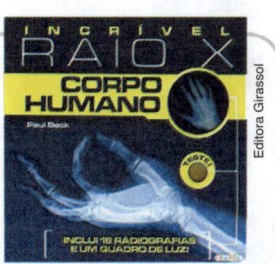

As articulações

Os ossos que formam nosso esqueleto não estão soltos dentro do corpo. Eles se encaixam uns nos outros por meio das **articulações**. Portanto, cada articulação é um ponto de conexão entre dois ou mais ossos.

Existem três tipos básicos de articulações: as **móveis**, as **semimóveis** e as **imóveis**. A articulação móvel possibilita amplos movimentos entre os ossos. Ela se localiza, por exemplo, nos membros superiores e nos inferiores. Já as vértebras, localizadas na coluna, movem-se de maneira mais restrita, por articulações semimóveis.

A articulação imóvel é aquela que não possibilita movimento entre os ossos. Ela existe, por exemplo, entre os ossos do crânio.

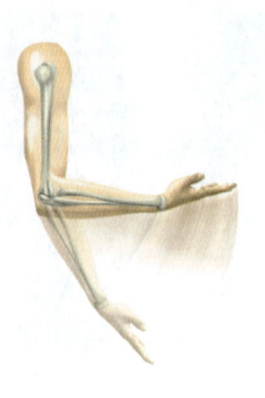
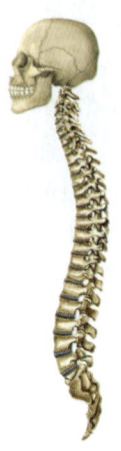
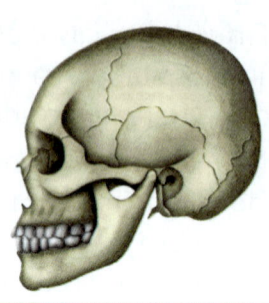

Nas figuras foram utilizadas cores-fantasia. Os elementos não estão representados proporcionalmente entre si, e os tamanhos não correspondem à realidade.

▶ Entre os ossos do braço e do antebraço, a articulação é móvel. Entre os da coluna vertebral, a articulação é semimóvel; e, entre os ossos do crânio, as articulações são imóveis.

Você percebeu como as articulações são importantes? Se alguma doença atingir as articulações, a pessoa pode ter, além da dor, limitação de movimentos e dificuldades em realizar tarefas básicas do dia a dia.

Bons hábitos alimentares, prática regular de atividades físicas e postura correta são algumas das atitudes que devemos adotar para preservar a saúde. Uma das estruturas do corpo mais afetadas pela má postura é a coluna vertebral.

A coluna vertebral é um eixo de sustentação muito importante do organismo. Se ela for mantida em posição inadequada ou for sobrecarregada por objetos pesados, pode apresentar problemas com o passar do tempo, de maneira que a má postura de hoje pode trazer prejuízos à nossa saúde amanhã.

Aqui estão dicas para uma melhor postura que valem a pena ser lembradas:

▶ Quando estamos sentados devemos sempre manter a coluna reta e os pés apoiados no chão.

▶ É necessário dobrar os joelhos ao levantar objetos do chão para evitar problemas de coluna.

Na prática — Experimento

Objetivo

Compreender o funcionamento de uma articulação.

Material:
- dois palitos de sorvete;
- três tachinhas;
- um elástico;
- tesoura sem ponta.

Olho vivo!

Peça a um adulto que providencie e manuseie as tachinhas.

Como fazer

1. Peça a um adulto que prenda um palito no outro, com uma tachinha, como mostra a ilustração ao lado.
2. Ele deve fixar outras duas tachinhas nos palitos atravessando o elástico, como na ilustração.
3. Movimente os palitos e observe o que acontece com o elástico.

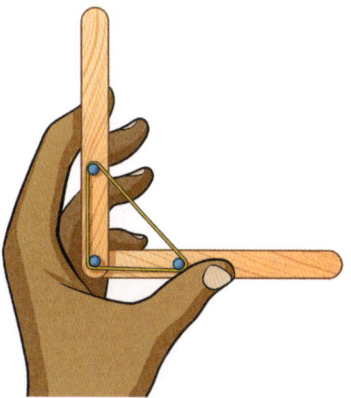

1 Com base nos resultados da atividade, responda às questões a seguir.

a) O que representam os palitos?

_____

b) Modelos são usados para representar o funcionamento de estruturas do corpo humano. Você sabe que estrutura do corpo humano você montou?

_____

#NaRede

A mochila faz parte do cotidiano de todos os estudantes e também de uma parcela dos trabalhadores que necessitam carregar muitos objetos consigo. Pesquise em *sites* e relacione seis dicas sobre como usar corretamente a mochila. Sugerimos alguns *sites*, mas você pode pesquisar em outros, lembrando sempre de verificar a fonte da informação e a data em que a notícia foi publicada.

- 7 dicas para fazer um bom uso da mochila escolar: <educarparacrescer.abril.com.br/comportamento/mochila-escolar-634906.shtml>. Traz orientações de como usar mochila de forma adequada.
- Sociedade Brasileira de Ortopedia Pediátrica: <www.sbop.org.br/?mochila-adequada>. Disponibiliza orientações, com ilustrações, sobre prevenção de problemas de coluna.

Atividades

1 Qual é a função do sistema locomotor e como ele é formado?

_____

_____

_____

2 Registre se as informações a seguir são verdadeiras (**V**) ou falsas (**F**) e corrija as frases falsas.

a) ☐ O esqueleto humano é constituído por muitos ossos.

b) ☐ Os ossos são todos iguais.

c) ☐ Existem minerais que dão rigidez aos ossos.

d) ☐ Os ossos não protegem órgãos do corpo humano.

e) ☐ Os ossos são responsáveis pela sustentação do organismo.

_____

_____

_____

3 Identifique o tipo de articulação representado nas imagens a seguir e escreva uma definição para cada uma delas.

▶ Articulação entre as vértebras.   ▶ Articulação do joelho.   ▶ Articulação entre os ossos do crânio.

_____

_____

_____

_____

4 O que é uma articulação?

_____

_____

5 Os acidentes que envolvem atletas profissionais não são raros. Quando ocorre alguma colisão ou ferimento, os atletas são avaliados por médicos. Observe a seguir a imagem e o resultado das radiografias do jogador que está deitado. Complete a ficha de avaliação com as informações que faltam sobre os ossos dele.

	Radiografia A	**Radiografia B**	**Radiografia C**
Localização (cabeça, tronco, membros superiores, membros inferiores)			
Tipo de osso (chato, longo, curto)			
Nome do osso ou do conjunto de ossos que aparecem indicados na radiografia			
Tipo de articulação (imóvel, semimóvel, móvel)			

6 Leia o texto a seguir e depois responda às questões.

O que é a osteoporose?

[...]

Osteoporose é uma doença dos ossos caracterizada pela redução da massa e densidade óssea, gerando fraqueza dos ossos. Se o problema não é tratado, o esqueleto vai se tornando extremamente frágil, havendo a possibilidade da ocorrência de fraturas espontâneas. O processo de perda óssea é mais comum nas vértebras, pernas e quadril e, embora se inicie gradualmente na faixa de 34-39 anos, ele é tão lento que pode levar muitos anos até a pessoa se dar conta dele.

[...]

Não podemos desacelerar a marcha do tempo ou alterar os efeitos que o envelhecimento provoca em nossos corpos. No entanto, existem várias medidas que podemos tomar a fim de reduzir os riscos de desenvolver osteoporose, entre elas: Consumo de cálcio e vitamina D – uma das maneiras mais importantes de diminuir o risco de osteoporose é, antes de mais nada, ter um esqueleto forte. As crianças, quando dispõem de uma adequada quantidade de cálcio em sua dieta, apresentam um desenvolvimento ósseo excelente. Depois dos 20 anos de idade nossos ossos param de crescer, mas indícios claros sugerem que é importante manter uma ingestão adequada de cálcio, seja qual for a idade da pessoa. Para a maioria dos adultos recomenda-se ingestão diária de 1 000 mg de cálcio; no entanto, se a mulher já tiver passado da menopausa, deve aumentar sua ingestão para 1 500 mg. No caso das crianças, a recomendação diária de cálcio é de 800 mg. Quanto à vitamina D, necessária para a boa absorção do cálcio em nosso organismo, pode-se dizer que é encontrada em quantidades variáveis na manteiga, nata, gema de ovo e fígado, sendo que a melhor fonte é o óleo de fígado de peixe. Entretanto, a exposição da pessoa ao sol é necessária, para que os precursores de vitamina D existentes nesses alimentos sejam convertidos em pró-vitamina D pelos raios ultravioletas. Portanto, procure expor-se ao sol pela manhã (até as 10 horas). [...]

Disponível em: <www.pusplq.usp.br/cipa/informativos/Osteoporose.pdf>. Acesso em: 23 maio 2015.

a) O que é osteoporose?

_____

b) Por que, apesar de ser mais comum em idosos, a osteoporose deve ser prevenida desde a infância?

_____

_____

c) Por que a alimentação usada na prevenção da osteoporose deve ser rica em cálcio?

_____

◈ Sistema muscular

Observe as imagens a seguir.

▶ Quando o jogador dribla o oponente, ele realiza um movimento ágil e coordenado com os membros inferiores.

▶ Para nadar é necessário o movimento simultâneo e coordenado dos membros superiores e inferiores.

Para um jogador correr, driblar e chutar a bola, ele precisa ter ossos que sustentem seu corpo, articulações saudáveis e músculos fortalecidos para evitar que se machuque. O mesmo acontece com um nadador.

O sistema muscular, em parceria com o sistema esquelético, realiza os movimentos do corpo. Nessa função, os músculos apresentam a capacidade de se distender (esticar) e se contrair (diminuir de comprimento).

Os músculos prendem-se aos ossos por tendões; assim, possibilitam nossa movimentação. Ao puxarem os ossos, os músculos funcionam como alavancas.

A quantidade e a variedade de formas e tamanhos de músculos do corpo humano são muito grandes.

Observe os esquemas do sistema muscular visto de frente e de costas e veja o nome de alguns músculos do corpo.

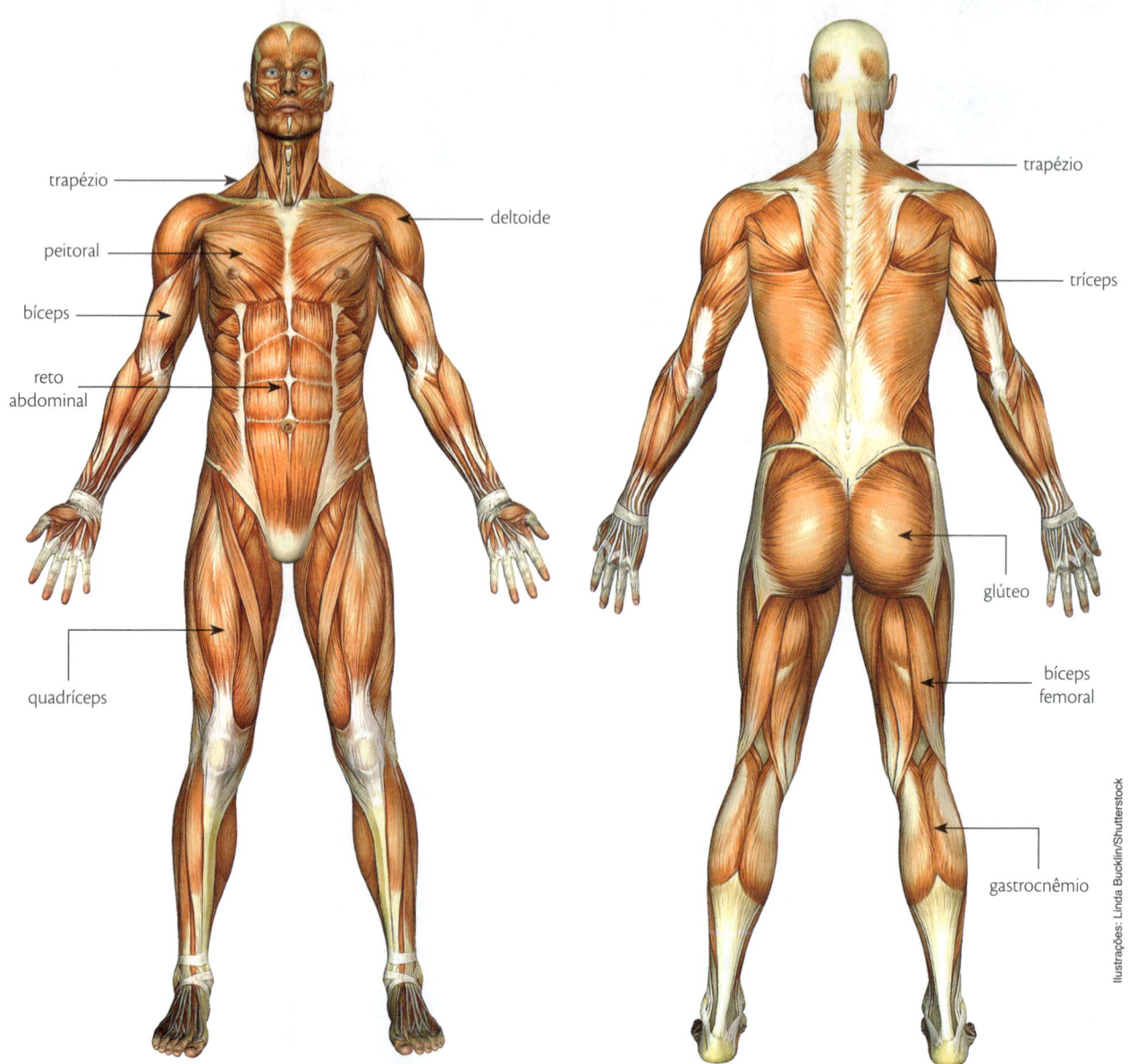

▶ Esquema do sistema muscular do corpo humano. À esquerda, visão frontal; e à direita, visão dorsal.

Na figura foram utilizadas cores-fantasia. Nem todos os músculos do corpo humano estão representados no esquema. A proporção entre as dimensões dos músculos não corresponde à realidade.

Os músculos que possibilitam esticar e dobrar a perna podem ser controlados por nossa vontade, em um movimento **voluntário**. Observe na imagem que, na flexão da perna, enquanto um músculo contrai, o outro distende.

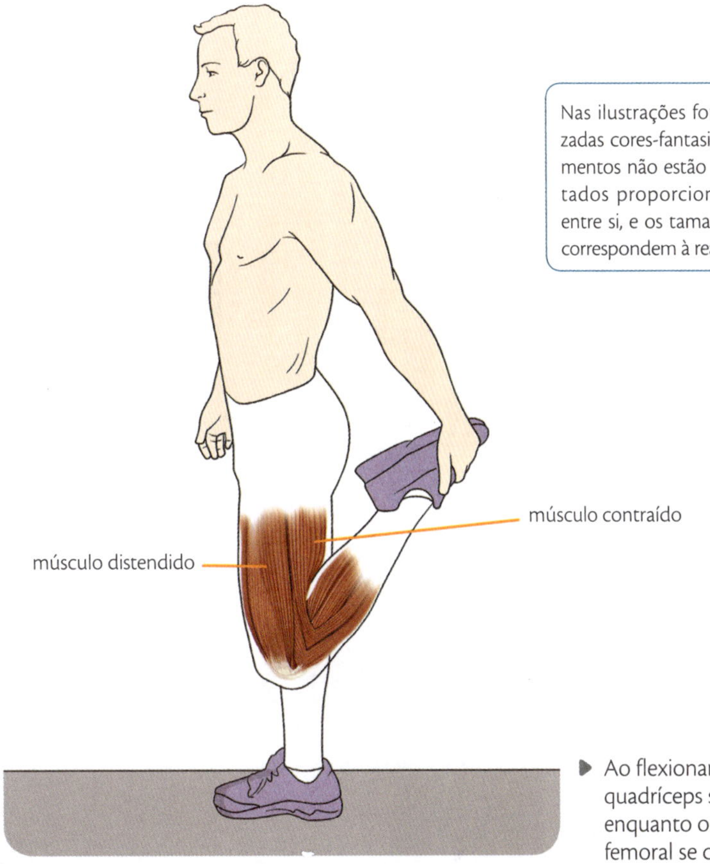

Nas ilustrações foram utilizadas cores-fantasia. Os elementos não estão representados proporcionalmente entre si, e os tamanhos não correspondem à realidade.

▶ Ao flexionar a perna, o quadríceps se distende, enquanto o bíceps femoral se contrai.

Outros movimentos de nosso organismo ocorrem sem nosso comando, ou seja, independem de nossa vontade. É o caso dos batimentos do coração, que ocorrem involuntariamente. Os músculos que realizam os movimentos **involuntários** estão presentes em órgãos como o coração, o diafragma e o estômago. Esses músculos são muito importantes e mantêm as funções vitais do organismo, como respiração e batimentos cardíacos, mesmo quando estamos dormindo.

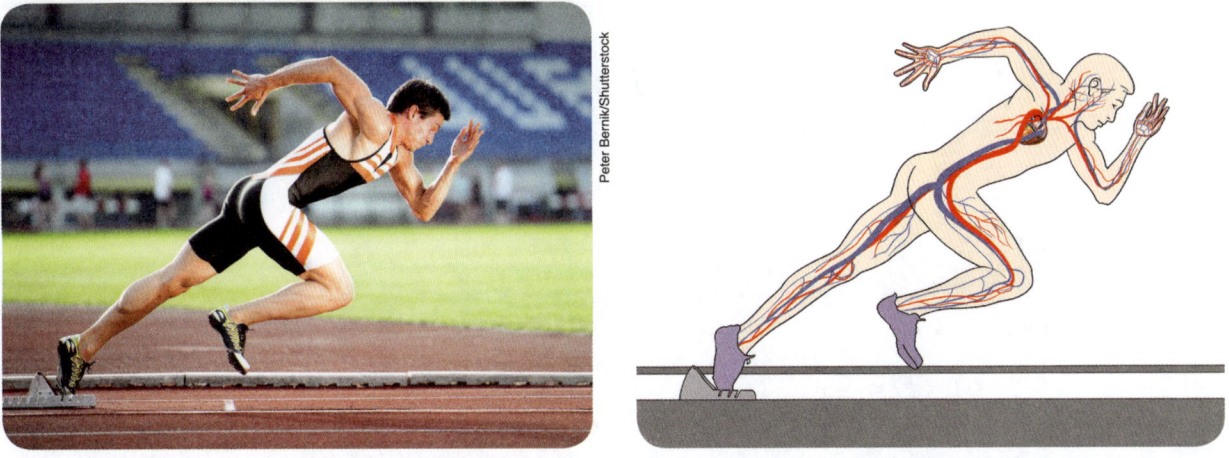

▶ O coração bate com mais intensidade quando praticamos algum esporte. O batimento cardíaco é um movimento involuntário.

Valores e vivências

Os tendões são estruturas flexíveis que conectam os músculos aos ossos. Eles também precisam de cuidados. Antes de se exercitar ou passar um longo período sentado (quando utilizamos o computador, por exemplo), é importante fazer alongamento nas mãos, pescoço, braços e pernas. Você tem o hábito de fazer alongamentos? Quando isso ocorre? As pessoas que moram com você sabem da importância do alongamento e o praticam?

▶ A prática do alongamento ajuda as pessoas a terem mais qualidade de vida.

Pequenas atitudes, como se alongar, contribuem para a saúde dos tendões e evitam dores e desconforto.

Veja na ilustração a seguir como alongar diferentes partes do corpo.

▶ A sequência de ilustrações mostra formas de alongar ombros e coluna, pescoço, braços e mãos.

Atividades

1 A imagem a seguir mostra um grupo de jovens brincando de cabo de guerra. Observe-a atentamente e marque um **X** na alternativa que corresponde ao que está acontecendo.

a) As estruturas que movem os ossos durante o movimento dos membros superiores e inferiores são:

- ⬦ ◯ os músculos.
- ⬦ ◯ o estômago.
- ⬦ ◯ os olhos.

b) O sistema locomotor é controlado pelo sistema:

- ⬦ ◯ esquelético.
- ⬦ ◯ nervoso.
- ⬦ ◯ digestório.

c) As estruturas que mantêm os músculos presos aos ossos são:

- ⬦ ◯ as articulações.
- ⬦ ◯ a gordura.
- ⬦ ◯ os tendões.

d) Ao flexionar um membro inferior:

- ⬦ ◯ todos os músculos se distendem.
- ⬦ ◯ um músculo contrai enquanto o outro distende.
- ⬦ ◯ todos os músculos se contraem.

2 Escreva uma legenda para cada imagem informando se o músculo indicado está distendido ou contraído e explique o que isso significa.

a)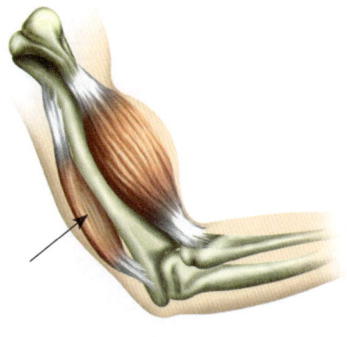

b)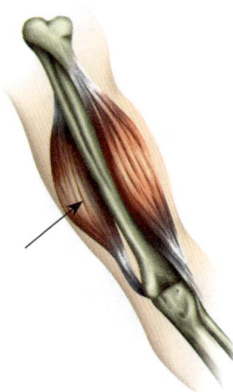

_____   _____

_____   _____

3 Durante qualquer atividade física, como uma corrida, um músculo ou um conjunto deles atua com mais intensidade. Consulte a figura da página 22 e copie as frases substituindo os números pelo nome dos músculos indicados na imagem ao lado.

Peter Bernik/Shutterstock

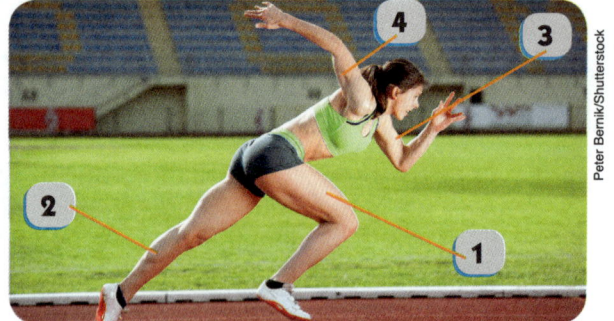

a) Quando uma pessoa pratica corridas, ela utiliza intensamente os músculos **1** e **2**.

____

____

b) Durante a corrida, os braços se movimentam, auxiliando o equilíbrio e o deslocamento. Os músculos do braço mais utilizados são o **3** e o **4**.

____

____

4 Observe atentamente as situações a seguir e responda às questões.

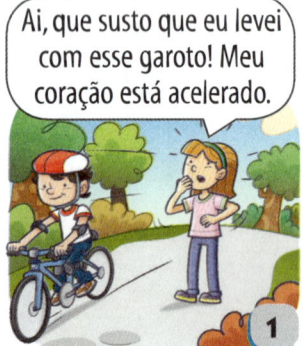

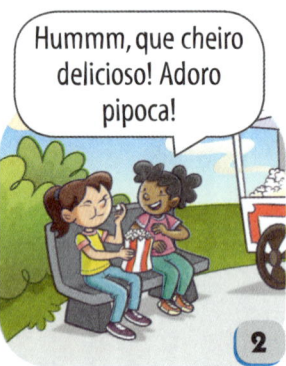

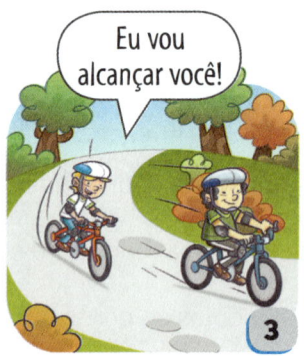

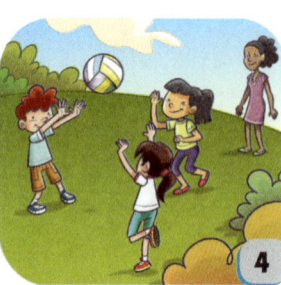

a) Em quais situações há ação involuntária dos músculos?

____

____

b) Em quais situações há ação voluntária dos músculos?

____

____

____

c) Qual é a vantagem de certos músculos agirem de maneira involuntária no organismo?

____

____

Um pouco mais sobre...

Dentro dos ossos ocorre a produção de componentes do sangue. Por meio do texto a seguir você compreenderá um pouco melhor o transplante de medula óssea realizado em pessoas que apresentam algum problema nessa produção.

O que é Transplante de Medula Óssea (TMO)?

A medula óssea é o local onde se produz o sangue. É conhecida, popularmente, como tutano do osso. É no interior dos ossos que encontramos as células-mãe do sangue, ou melhor, as células que darão origem aos glóbulos vermelhos, glóbulos brancos e plaquetas. [...].

O TMO é diferente da maioria dos transplantes. É uma terapia celular, o órgão transplantado não é sólido, como fígado ou rim, são células que são levadas do doador ao receptor. Nesse procedimento, o paciente (receptor) recebe a medula óssea por meio de uma transfusão, ou seja, as células-mãe ou progenitoras do sangue são colhidas do doador, colocadas em uma bolsa de "sangue" e **transfundidas** para o paciente.

> **Vocabulário**
> **Transfundir:** fazer passar de um local a outro.

As células transfundidas circulam pelo sangue, se instalam no interior dos ossos, dentro da medula óssea do paciente. Depois de um período variável de tempo ocorre a "pega" da medula, quando as células do doador começam a se multiplicar, produzindo as células do sangue e enviando ao sangue glóbulos brancos, glóbulos vermelhos e plaquetas normalmente.

O tratamento tem o objetivo de substituir a medula óssea doente, ou deficitária, por células normais de medula óssea de um doador sadio, com o objetivo de regenerar a medula do paciente [...].

Disponível em: <www.ameo.org.br/conhecimento/42-o-que-e-o-transplante-de-medula-ossea-tmo>. Acesso em: 20 jul. 2014.

1 Que pessoas devem fazer transplante de medula óssea?
_____
_____

2 Qual função dos ossos fica prejudicada em uma pessoa com problemas no funcionamento de sua medula óssea?
_____
_____

3 Qual é a importância da doação de medula óssea?
_____

▶ Cartaz da prefeitura de Paracatu incentivando a doação de medula óssea.

Revendo o que você aprendeu

1) Na execução dos movimentos do corpo humano, os sistemas nervoso, muscular e esquelético estão relacionados? Explique.

_____

_____

_____

2) Escreva três funções dos ossos.

_____

_____

3) Identifique o tipo de articulação descrita e dê exemplos de onde ela pode ser encontrada.

a) Articulação que possibilita amplos movimentos entre os ossos: _____

Exemplo: _____

b) Articulação que possibilita poucos movimentos entre os ossos: _____

Exemplo: _____

c) Articulação que não possibilita movimento entre os ossos: _____

Exemplo: _____

4) Em relação às fraturas, responda às questões.

a) O que é uma fratura?

_____

b) O que diferencia uma fratura exposta de uma fechada?

_____

_____

_____

_____

c) Qual é a importância da radiografia?

_____

5 Classifique os movimentos descritos a seguir como voluntários ou involuntários.

a) Batimento cardíaco. _____

b) Flexão da perna ao caminhar. _____

c) Contração do diafragma durante a respiração. _____

d) Contração do estômago durante a digestão. _____

e) Abrir e fechar os olhos. _____

6 Leia o texto a seguir e depois responda às questões.

O jogador recebe a bola e, ágil, entorta o zagueiro, deixando-o pra trás. Depois para, toca para o companheiro e corre em direção ao gol rival, escapando da marcação. Já na grande área, ganha de presente um cruzamento. A bola viaja e gentilmente pousa em seu peito. Antes que ela caia na grama o jogador mira, dispara o chute e... pra fora! A bola mergulha na arquibancada. Se a torcida não pode comemorar, ao menos o corpo dele vibra e lhe agradece pelo esforço. Não é preciso ser profissional para disputar partidas assim e, com o devido condicionamento físico, conquistar uma série de benefícios para a saúde.

[...] O bate-bola exige corridas intensas, aceleração, desaceleração, uma variação de deslocamentos e isso faz gastar muita energia, diz o ortopedista Ricardo Cury, da Faculdade de Medicina da Santa Casa de São Paulo. O futebol também fortalece as articulações, desenvolve a **coordenação motora** e estimula a produção de células ósseas. [...]

> **Vocabulário**
>
> **Coordenação motora:** habilidade necessária para realizar movimentos voluntários como escrever, caminhar etc.

Angelo Massaine. Jogue futebol para viver bem. *Saúde*!
Disponível em: <http://saude.abril.com.br/edicoes/0291/corpo/conteudo_259699.shtml>. Acesso em: 20 maio 2014.

a) Você já assistiu a uma partida de futebol em um estádio?
_____

b) Qual é a participação dos ossos e músculos dos jogadores de futebol durante uma partida?
_____
_____

c) Considerando que jogar futebol requer muita energia, cite uma atitude necessária que um atleta deve ter antes da partida de futebol para adquirir essa energia.
_____

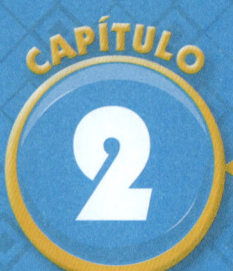

CAPÍTULO 2

Reprodução humana

Observe a imagem e depois converse com os colegas e o professor.

Coleção particular, Franca

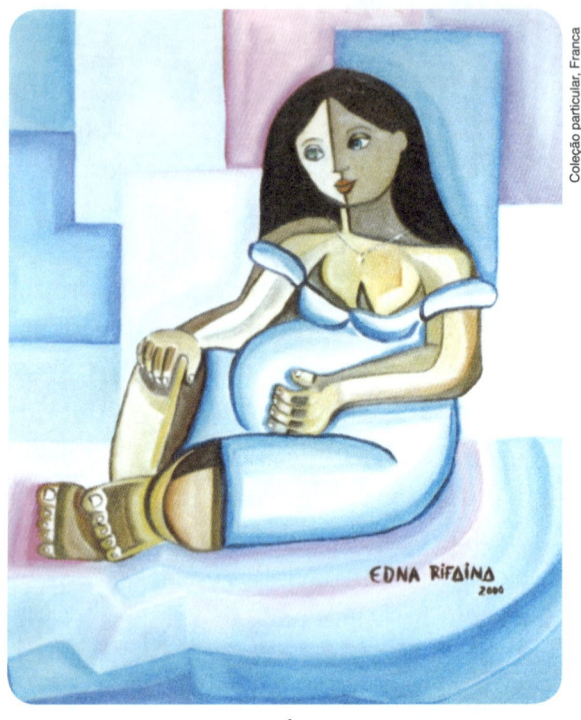

Edina Sikora. *Grávida*, 2000. Óleo sobre tela, 40 × 50 cm.

Diálogo inicial

1. Como podemos saber que a mulher retratada está esperando um bebê?
2. Quanto tempo demora, geralmente, uma gravidez?
3. Você já acompanhou o período de gravidez de uma mulher? De quem? Qual foi a principal modificação no corpo dessa pessoa?
4. Qual é a participação do pai e da mãe na formação de um novo ser humano?
5. Em sua opinião, qual é a importância da alimentação da mulher durante uma gestação?

Diferenças entre homens e mulheres

Basicamente, o corpo do homem e o da mulher têm a mesma organização. Todavia, o **sistema genital**, responsável por originar descendentes, é diferente em homens e mulheres.

Os sistemas genitais masculino e feminino são formados pelos órgãos sexuais.

Sistema genital masculino

O **sistema genital masculino** está localizado na região do abdome. Ele é formado por testículos, próstata, vesículas seminais, ductos deferentes e pênis.

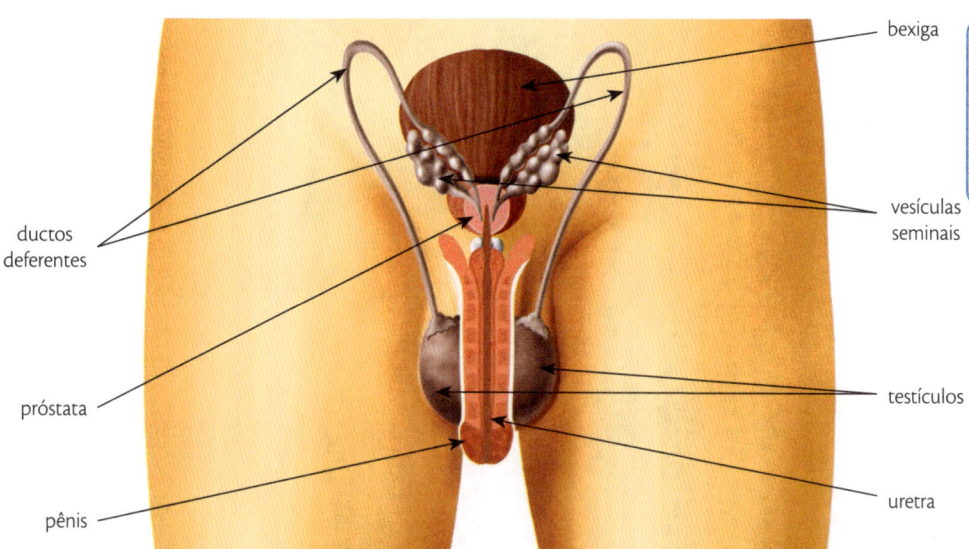

Na figura foram utilizadas cores-fantasia. Os elementos não estão representados proporcionalmente entre si, e os tamanhos não correspondem à realidade.

▶ Esquema de sistema genital masculino em corte. É mostrada também a bexiga que integra o sistema urinário.

Os **testículos** são duas estruturas localizadas dentro da bolsa escrotal, que os protege. Eles são responsáveis pela produção de **espermatozoides** e de testosterona. Os espermatozoides são as células reprodutoras masculinas (também denominadas **gametas masculinos**), e a testosterona é o **hormônio** responsável pelo desenvolvimento das características masculinas, principalmente na adolescência. A bexiga faz parte do sistema urinário de homens e mulheres.

Vocabulário

Hormônio: substância presente no sangue, a qual tem ação específica no organismo, como o hormônio do crescimento, que promove o crescimento nos seres humanos.

Os **ductos deferentes** conduzem os espermatozoides dos testículos até outro canal, chamado **uretra**, por onde serão expelidos do corpo.

A uretra, por sua vez, passa pelo interior do **pênis**, órgão pertencente ao sistema genital e ao sistema urinário do homem. A liberação dos espermatozoides ocorre durante um processo denominado ejaculação.

> A cada ejaculação são liberados, em média, 300 milhões de espermatozoides. A próstata e as vesículas seminais produzem líquidos que entram na composição do esperma.

◈ Sistema genital feminino

O **sistema genital feminino** está localizado no abdome e é formado principalmente por ovários, tubas uterinas, útero e vagina.

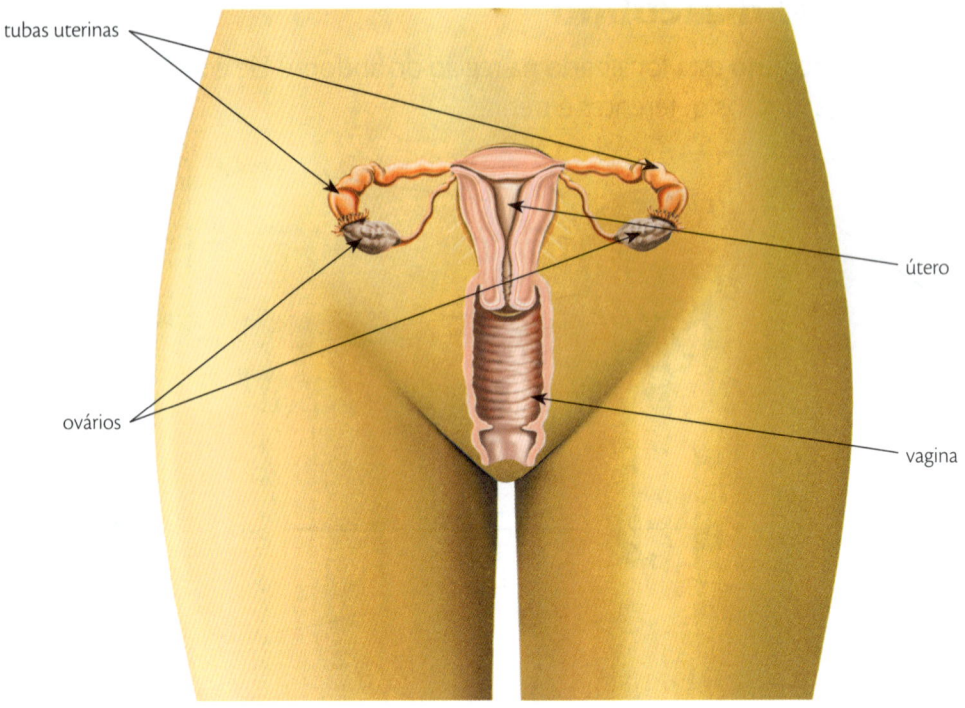

> Na figura foram utilizadas cores-fantasia. Os elementos não estão representados proporcionalmente entre si, e os tamanhos não correspondem à realidade.

▶ Esquema de sistema genital feminino em corte.

Os **ovários** são estruturas responsáveis por produzir o óvulo, que é a célula sexual feminina (também denominada gameta feminino), e os hormônios que atuam no desenvolvimento das características femininas e na gravidez.

As **tubas uterinas** comunicam os ovários ao útero, conduzindo o óvulo até ele. É nas tubas uterinas que ocorre a fecundação, ou seja, o encontro e a união entre espermatozoide e óvulo.

O **útero** é um órgão oco no qual o bebê se desenvolve durante a gestação. A **vagina** é um canal que liga o útero às partes externas do sistema genital feminino.

É nesse canal que os espermatozoides são depositados durante a relação sexual e é também por ele que sai o bebê no parto normal.

Valores e vivências

A região íntima também necessita de cuidados higiênicos, desde o recém-nascido até o idoso. Além de eliminar odores, a limpeza dos órgãos genitais previne infecções.

Tanto homens quanto mulheres devem lavar a região todos os dias com água e sabonete e secar após urinar. As mulheres devem ter atenção redobrada durante o período menstrual.

Baú de informações

Menstruação e ejaculação

A primeira menstruação marca o momento em que o corpo da mulher se torna capaz de gerar um bebê. A menstruação acontece pela primeira vez na vida de uma mulher quando ela tem entre 9 e 16 anos, e é percebida como um sangramento que escorre pela vagina.

A menstruação ocorre de maneira periódica, em geral a cada 28 dias, formando o **ciclo menstrual**, quando é necessário usar o absorvente.

O sangramento na menstruação é a eliminação de um tecido, denominado **endométrio**, que reveste a parte interna do útero. O endométrio é muito importante na gravidez. Ele é formado ao longo de alguns dias, preparando-se para abrigar o embrião, mas, quando a mulher não engravida, é eliminado na menstruação. Entre uma menstruação e outra, ocorre a **ovulação**, que é a liberação pelo ovário de um gameta feminino apto a ser fecundado.

No caso dos homens, o início do período fértil é marcado pela primeira ejaculação, que é a eliminação de sêmen (líquido que contém os espermatozoides, produzidos pelos testículos) pelo pênis. É perfeitamente comum que nesse período inicial a ejaculação ocorra de maneira espontânea durante o sono.

▶ O início da adolescência é um período com muitas mudanças. Durante essa fase costumam ocorrer a menarca (primeira menstruação) nas meninas e a semenarca (primeira ejaculação) nos meninos.

Após a primeira menstruação, no caso das mulheres, ou a primeira ejaculação, no caso dos homens, é indicado consultar um médico especialista, que esclarecerá dúvidas e dará orientações sobre alguns cuidados que se deve ter a partir desse momento. O especialista no sistema genital feminino é o **ginecologista**, e o especialista no sistema genital masculino é o **urologista**.

1 Explique por que gestantes não menstruam.

_____

_____

_____

2 Qual é a relação entre a primeira ejaculação e a primeira menstruação?

_____

_____

Atividades

1 Coloque **M** para as estruturas do sistema genital masculino e **F** para as do feminino.

a) ( ) útero

b) ( ) vagina

c) ( ) testículos

d) ( ) tubas uterinas

e) ( ) pênis

f) ( ) próstata

g) ( ) ovários

h) ( ) vesículas seminais

2 Qual é a função do sistema genital?

_____

3 Escreva o nome das células sexuais feminina e masculina.

_____

4 Observe as imagens e faça o que se pede no caderno.

▶ Gestante.

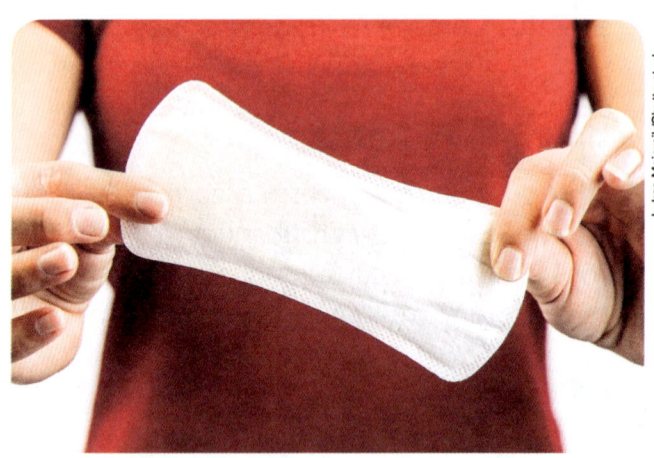

▶ Absorvente.

a) Utilize as palavras a seguir para criar duas histórias, uma para cada imagem, estabelecendo uma relação entre elas.

gravidez   menstruação

b) Descreva as funções desempenhadas pelo sistema genital nas histórias que você criou.

5 Identifique as estruturas dos sistemas genitais masculino e feminino indicadas pelas letras.

A: _____

B: _____

C: _____

D: _____

A: _____

B: _____

C: _____

D: _____

6 Escreva o nome da estrutura do sistema genital correspondente a cada uma das definições a seguir.

a) Canal que liga o útero às partes externas do sistema genital feminino.

_____

b) São dois, e sua função é produzir espermatozoides e hormônios.

_____

c) Por eles são conduzidos os espermatozoides até a uretra no corpo masculino.

_____

d) Comunicam os ovários ao útero, e é onde ocorre a fecundação.

_____

e) Órgão sexual que tem a uretra em seu interior e que elimina a urina e os espermatozoides.

_____

f) São dois e sua função é produzir o óvulo e os hormônios femininos.

_____

7 Quais os cuidados de higiene que devemos ter com os órgãos genitais?

_____
_____
_____
_____
_____

As mudanças típicas da adolescência

Nas fotografias a seguir podemos perceber as diferentes fases da vida de uma mesma pessoa.

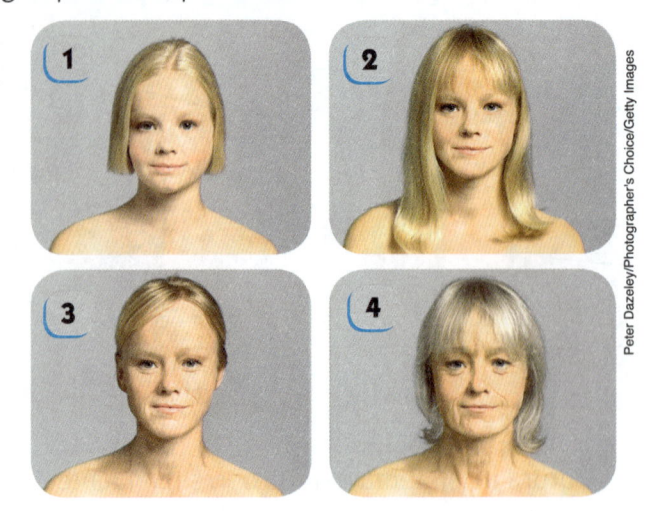

Entre a infância e a fase adulta, todos nós passamos por uma fase de grandes transformações, denominada adolescência.

Durante a adolescência, ocorrem mudanças físicas e funcionais do organismo que caracterizam a fase da **puberdade**. Essas mudanças podem variar de uma pessoa para outra e são controladas por hormônios diferentes nos meninos em relação às meninas.

Algumas características bem marcantes desse período são o aparecimento de espinhas (acne), o crescimento de pelos nas axilas e na região pubiana e o aumento da produção de suor.

Nos meninos, aparecem pelos no rosto (barba), o tamanho dos órgãos sexuais aumenta, a musculatura corporal torna-se mais forte e a voz torna-se mais grave, entre outras alterações do organismo.

Nas meninas, a puberdade é caracterizada pelo crescimento dos seios, surgimento de cintura, alargamento do quadril e início do ciclo menstrual, entre outras mudanças corporais.

Olho vivo!

Nunca esprema uma espinha, pois é possível que ela se torne uma ferida ou fique ainda maior. O melhor a fazer é manter a pele limpa e seca.

Para ir mais longe

Livros

- *pão.com.manteiga*, de Jonas Ribeiro. São Paulo: Elementar, 2012.
  O livro trata de uma situação em que adolescentes percebem as limitações, as frustrações e o valor da amizade.

- *Cabelinhos nuns lugares engraçados*, de Babete Cole. São Paulo: Ática, 1999.
  O livro trata da puberdade e das mudanças no corpo de meninos e meninas.

Atividades

1 Complete as frases a seguir.

a) A adolescência é a fase da vida entre a _____ e a idade _____.

b) Durante a puberdade, surgem pelos nas _____ e na região _____.

c) Durante a puberdade, o corpo das meninas muda: crescem os _____ e o _____ se alarga.

d) No corpo dos homens, surgem _____ no rosto e a _____ se torna mais grave durante a puberdade.

2 Leia o texto a seguir e faça o que se pede.

Conhecer, ficar, namorar...

[...]

Sem dúvida, a adolescência é um período muito rico em descobertas e novas experiências, principalmente quando a gente começa a se interessar afetivamente por outra pessoa.

É nessa fase que construímos nossa própria identidade e adquirimos autonomia e capacidade para fazer escolhas, tomar decisões e assumir novas responsabilidades.

[...]

Thereza de L. F. Netto (Coord.). *Caderneta de saúde do adolescente*. Brasília: Ministério da Saúde, 2009. p. 38. Disponível em: <http://bvsms.saude.gov.br/bvs/publicacoes/caderneta_saude_adolescente_menino.pdf>. Acesso em: 26 jan. 2015.

a) De acordo com a leitura do texto e com o que você aprendeu anteriormente, como pode ser definida a adolescência?

_____

_____

b) Em sua opinião, a que o autor se refere quando diz "construímos nossa própria identidade"?

_____

_____

3 Veja o que aconteceu com Thiago.

"Viva, hoje faço 12 anos! Já sou um adolescente!"

"Ué! Cadê a barba que deveria ter nascido?"

a) O que Thiago pensou?

_____

_____

b) Por que Thiago está enganado?

_____

_____

_____

4 Os personagens das ilustrações a seguir estão na fase da adolescência e, por isso, estão passando por mudanças corporais. No entanto, eles não entendem o que está acontecendo com o corpo deles. Vamos ajudá-los explicando as mudanças.

▶ Idevaldo.

O que você diria ao Idevaldo?

_____

_____

_____

▶ Roselaine.

O que você diria à Roselaine?

_____

_____

_____

Fecundação e gravidez

A função do sistema genital é gerar descendentes, e isso ocorre quando há o encontro da célula sexual masculina – o espermatozoide – com a célula sexual feminina – o óvulo.

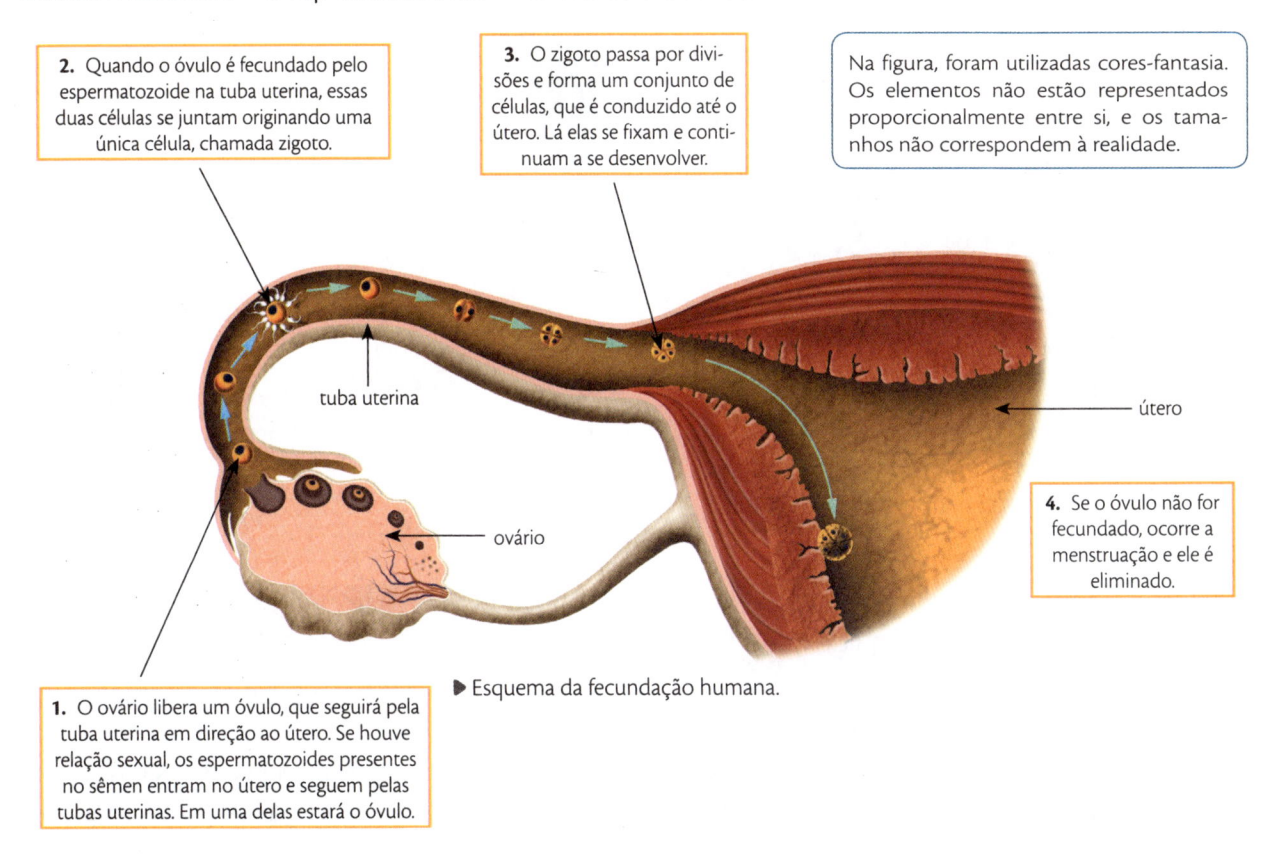

2. Quando o óvulo é fecundado pelo espermatozoide na tuba uterina, essas duas células se juntam originando uma única célula, chamada zigoto.

3. O zigoto passa por divisões e forma um conjunto de células, que é conduzido até o útero. Lá elas se fixam e continuam a se desenvolver.

Na figura, foram utilizadas cores-fantasia. Os elementos não estão representados proporcionalmente entre si, e os tamanhos não correspondem à realidade.

tuba uterina

útero

ovário

4. Se o óvulo não for fecundado, ocorre a menstruação e ele é eliminado.

1. O ovário libera um óvulo, que seguirá pela tuba uterina em direção ao útero. Se houve relação sexual, os espermatozoides presentes no sêmen entram no útero e seguem pelas tubas uterinas. Em uma delas estará o óvulo.

▶ Esquema da fecundação humana.

Durante a relação sexual, o homem ejacula e lança o sêmen, ou esperma, que contém espermatozoides, no fundo da vagina. Os espermatozoides são muito pequenos e se locomovem por meio dos batimentos da cauda. Ao chegarem às tubas uterinas, podem encontrar o óvulo e fecundá-lo.

Se um homem e uma mulher tiverem relação sexual durante o período em que ela estiver fértil, ou seja, quando o óvulo estiver em uma das tubas uterinas, pode ocorrer a gravidez. Se a relação for num período em que o óvulo ainda não foi liberado ou não está posicionado em uma das tubas uterinas, não haverá gravidez.

Quando o espermatozoide penetra no óvulo, ocorre a fecundação.

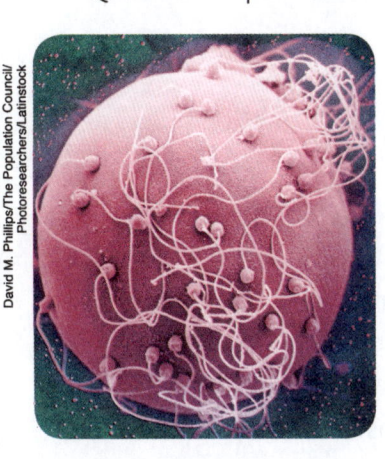

▶ Espermatozoides ao redor de óvulo. Micrografia eletrônica colorida. Ampliação aproximada de 615 vezes.

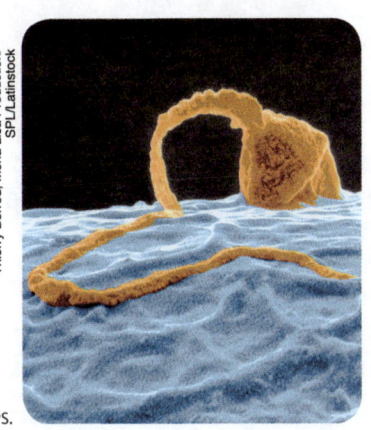

▶ Momento em que o espermatozoide (marrom) penetra no óvulo (azul). Micrografia eletrônica colorizada. Ampliação aproximada de 3 400 vezes.

Nos primeiros meses de gestação, ocorre grande proliferação de células e os órgãos e sistemas do embrião se formam. No terceiro mês, o embrião passa a ser denominado **feto**. A partir daí, ocorrem o crescimento e o amadurecimento dos órgãos, até o bebê estar pronto para nascer.

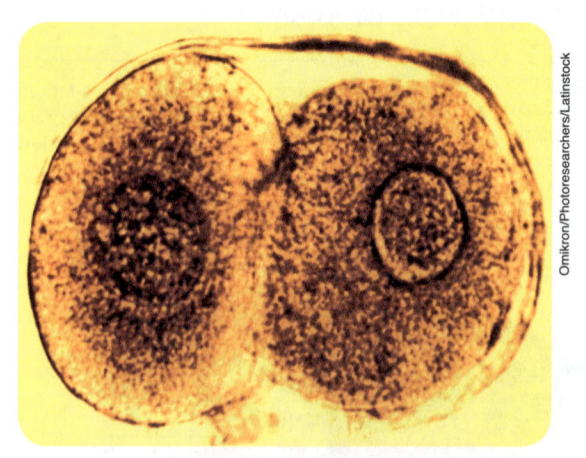

▶ Zigoto humano em estágio de desenvolvimento após três dias de fecundação. Fotografia obtida por microscópio eletrônico e colorizada artificialmente. Ampliação aproximada de 640 vezes.

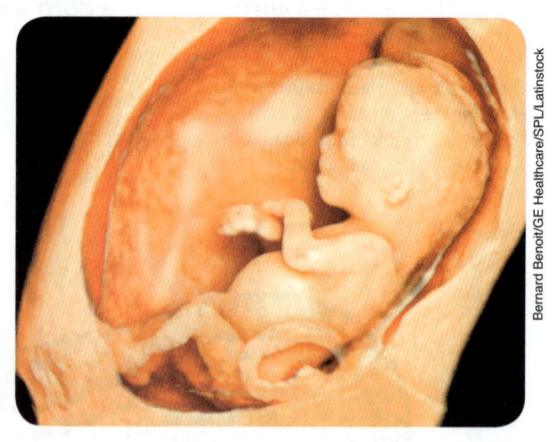

▶ Feto humano de 12 semanas. Fotografia obtida por ultrassonografia e colorizada artificialmente.

Dentro do útero, o embrião ou feto encontra-se protegido por uma bolsa repleta de um líquido que o mantém **hidratado** e protegido de colisões.

Esse pequeno ser recebe nutrientes e gás oxigênio do corpo da mãe por meio do **cordão umbilical**. É também por meio desse cordão que o feto elimina gás carbônico e excretas, que serão expelidos pela mãe. O cordão umbilical está conectado ao corpo da mãe pela **placenta**.

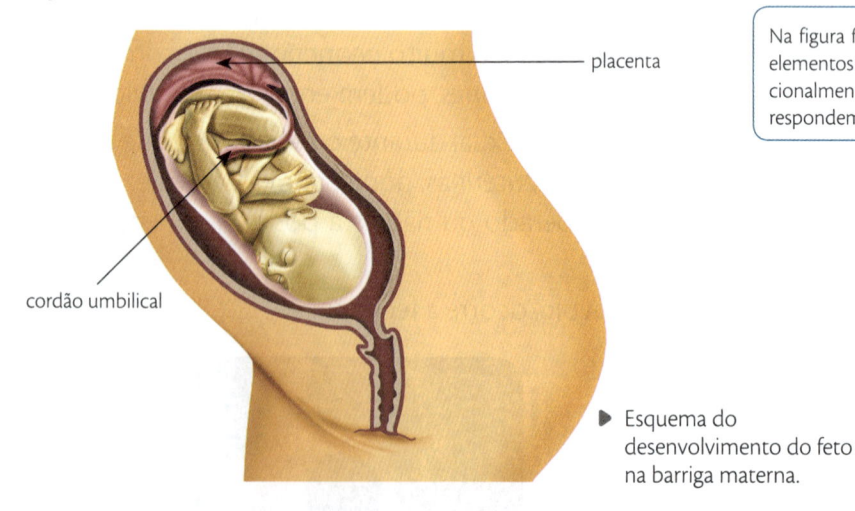

Vocabulário

Hidratar: suprir com água.

Na figura foram utilizadas cores-fantasia. Os elementos não estão representados proporcionalmente entre si, e os tamanhos não correspondem à realidade.

placenta

cordão umbilical

▶ Esquema do desenvolvimento do feto na barriga materna.

A gravidez ocorre, geralmente, até os nove meses completos, quando chega a hora de o bebê nascer.

O momento do nascimento é chamado de parto, que pode ser normal ou cirúrgico (cesariana). No **parto normal**, o bebê sai pela vagina e, na cesariana, o médico faz um corte no abdome da mãe e retira o bebê. O **parto cirúrgico**, ou cesariana, só deve ser feito se houver indicação médica.

Quando o parto ocorre antes dos nove meses de gestação, dizemos que o bebê é prematuro.

Brincar e aprender

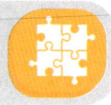

1 Reúna-se com um colega e veja quem leva o espermatozoide até o óvulo. Mas para que vocês possam encontrar o caminho correto, algumas questões devem ser respondidas.

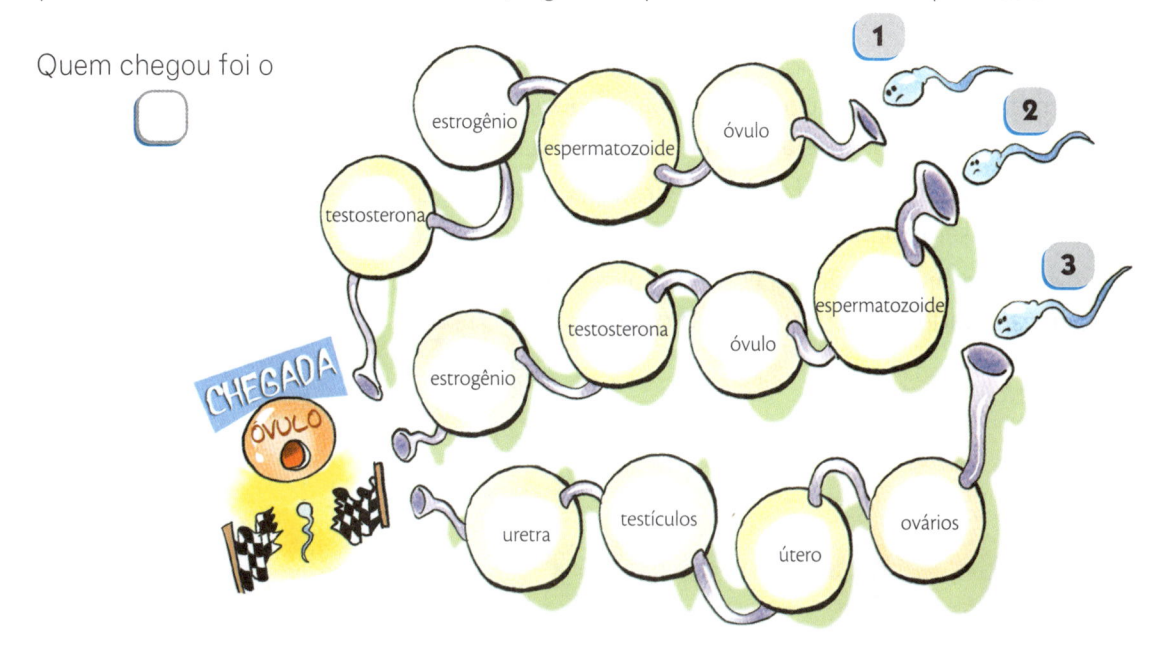

Quem chegou foi o ☐

a) Qual é o nome do gameta masculino?
b) Qual é o nome do gameta feminino?
c) Qual é o nome do hormônio masculino?
d) Hormônio que possibilita o desenvolvimento das características femininas.

Baú de informações

[...] Todos os dias, nos países em desenvolvimento, 20 mil meninas com menos de 18 anos dão à luz e 200 morrem em decorrência de complicações da gravidez ou parto. Em todo o mundo, 7,3 milhões de adolescentes se tornam mães a cada ano, das quais 2 milhões são menores de 15 anos – número que pode aumentar para 3 milhões até 2030, se a tendência atual for mantida.

A gravidez indesejada na adolescência traz consequências para a saúde, educação, emprego e direitos de milhões de meninas em todo o mundo, e pode se tornar um obstáculo ao desenvolvimento de seu pleno potencial. [...]

Disponível em: <www.onu.org.br/gravidez-na-adolescencia-e-tema-do-relatorio-anual-do-unfpa>. Acesso em: 15 abr. 2014.

1 Agora respondam oralmente às questões a seguir.
a) Um adolescente está preparado física e psicologicamente para assumir uma criança?
b) De que forma é possível evitar uma gravidez indesejada?

◈ Evitando a gravidez

Como você viu anteriormente, se houver relação sexual quando a mulher estiver em um período fértil, pode ocorrer a gravidez. Entretanto, nem sempre os casais querem ter filhos, pois isso é uma grande responsabilidade.

Existem vários métodos que evitam a gravidez, dentre os quais podemos destacar os descritos a seguir:

- Os preservativos, conhecidos popularmente por camisinhas, são feitos de borracha e evitam a entrada dos espermatozoides na vagina. Existem o preservativo masculino e o feminino, que devem ser colocados antes da relação sexual e retirados depois dela.
- Os anticoncepcionais são medicamentos de vários tipos que geralmente impedem a ovulação. Eles devem ser receitados por um médico, o ginecologista.
- O dispositivo intrauterino (DIU) é uma peça colocada dentro do útero para impedir que o espermatozoide se encontre com o óvulo.

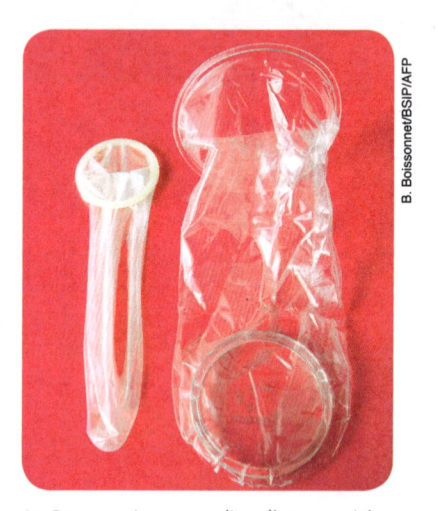

▶ Preservativo masculino (à esquerda) e preservativo feminino (à direita).

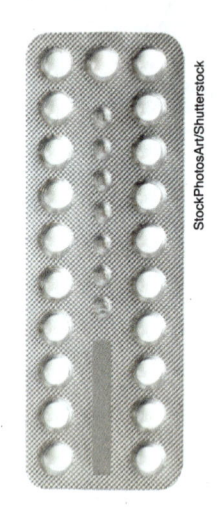

▶ Cartela de anticoncepcionais.

▶ Dispositivo intrauterino (DIU).

O uso de preservativo (camisinha) é o único método que, além de evitar a gravidez, impede a transmissão de doenças sexualmente transmissíveis (DST).

Baú de informações

Por ser um contato muito íntimo, a relação sexual envolve troca de substâncias entre o organismo das pessoas envolvidas. Nessa troca, há transferência de microrganismos que podem causar doenças.

A aids é uma doença sexualmente transmissível que atinge o sistema de defesa do organismo, deixando-o mais frágil e vulnerável ao aparecimento de doenças graves. É transmitida por meio de relações sexuais sem o uso de preservativos; pelo uso de agulhas, seringas e outros instrumentos contaminados com o vírus HIV que possam perfurar a pele; e também durante o aleitamento, sendo, neste caso, transmitida de mãe para filho.

Atividades

1 Identifique os processos representados por meio das ilustrações a seguir e escreva uma explicação para cada um deles.

a)

b)

_____   _____

_____   _____

_____   _____

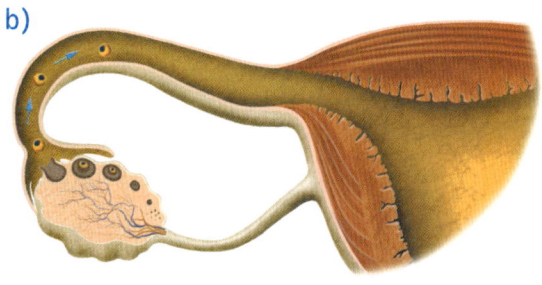

2 Resolva o diagrama de palavras a seguir.

1. Período de nove meses do desenvolvimento humano dentro do útero.
2. Nome dado ao novo ser que está se formando a partir do terceiro mês de gravidez.
3. Contém um líquido que mantém o novo ser hidratado e protegido de batidas que possam ocorrer na barriga de sua mãe.
4. Nutre o embrião ou feto durante a gravidez.
5. Liga a placenta ao embrião ou feto.
6. União do óvulo com o espermatozoide; representa o início da gravidez.
7. Nome dado ao novo ser que está se formando, até por volta do terceiro mês de gravidez.
8. Célula resultante da união do espermatozoide com o óvulo.

3 Leia o texto a seguir e responda às questões.

A assistência pré-natal é o acompanhamento da gestação por um médico, o obstetra. Esse acompanhamento é essencial à saúde da mãe e do bebê. Muitas vezes, sem perceber ou sem saber, as gestantes apresentam hábitos de vida que podem prejudicar o bebê que está se formando em sua barriga, como fumar, consumir bebidas alcoólicas ou se alimentar de forma desequilibrada.

De acordo com o Ministério da Saúde:

O objetivo do acompanhamento pré-natal é assegurar o desenvolvimento da gestação, permitindo o parto de um recém-nascido saudável, sem impacto para a saúde materna, inclusive abordando aspectos psicossociais e as atividades educativas e preventivas.

Hélder Aurélio Pinto (Ed.). *Cadernos de atenção básica – Atenção ao pré-natal de baixo risco.* Brasília: Ministério da Saúde, 2012. p. 33. Disponível em: <http://189.28.128.100/dab/docs/portaldab/publicacoes/caderno_32.pdf>. Acesso em: 26 jan. 2015.

a) O que é a assistência pré-natal e qual é sua importância?

b) Considerando os objetivos do pré-natal estabelecidos pelo Ministério da Saúde, quais aspectos, além da garantia de um parto saudável, devem ser abordados nesse período?

4 De que maneira a alimentação da gestante pode influenciar no desenvolvimento fetal?

5 Diferencie parto normal de cirúrgico.

Um pouco mais sobre...

Doenças sexualmente transmissíveis

Existem várias doenças que podem ser transmitidas durante o contato sexual. Conhecidas por DST, essas doenças podem provocar a morte. Apesar de algumas não terem cura, não é complicado evitá-las. Leia o texto e descubra como evitar as DST.

As doenças sexualmente transmissíveis (DST) são transmitidas, principalmente, por contato sexual sem o uso de camisinha com uma pessoa que esteja infectada, e geralmente se manifestam por meio de feridas, corrimentos, bolhas ou verrugas. As mais conhecidas são gonorreia e sífilis.

Algumas DST podem não apresentar sintomas, tanto no homem quanto na mulher. E isso requer que, se fizerem sexo sem camisinha, procurem o serviço de saúde para consultas com um profissional de saúde periodicamente. Essas doenças quando não diagnosticadas e tratadas a tempo, podem evoluir para complicações graves, como infertilidades, câncer e até a morte.

Usar preservativos em todas as relações sexuais (oral, anal e vaginal) é o método mais eficaz para a redução do risco de transmissão das DST, em especial do vírus da aids, o HIV. Outra forma de infecção pode ocorrer pela transfusão de sangue contaminado ou pelo compartilhamento de seringas e agulhas, principalmente no uso de drogas injetáveis. A aids e a sífilis também podem ser transmitidas da mãe infectada, sem tratamento, para o bebê durante a gravidez, o parto. E, no caso da aids, também na amamentação.

O tratamento das DST melhora a qualidade de vida do paciente e interrompe a cadeia de transmissão dessas doenças. O atendimento e o tratamento são gratuitos nos serviços de saúde do SUS.

Disponível em: <www.aids.gov.br/pagina/o-que-sao-dst>. Acesso em: 29 jul. 2015.

1 Agora responda oralmente às questões.

a) Qual é a importância da camisinha?

b) De que outras maneiras é possível a contaminação pelo HIV?

Para ir mais longe

Sites

- *Aids no mundo.* <http://noticias.uol.com.br/saude/infograficos/afp/2012/11/22/aids-no-mundo.htm>. Vídeo que ilustra informações sobre a doença e a quantidade de pessoas portadoras do vírus da aids no planeta.
- *O que é aids e como se pega.* <www.unicefkids.org.br/pag_texto.php?pid=59>. Texto informativo sobre a aids.

Revendo o que você aprendeu

1 Meninos e meninas têm sistemas genitais diferentes. Escreva um pequeno texto, no caderno, que explique como é seu sistema genital, descrevendo os órgãos e suas funções. Cite o médico especialista que você deve consultar para tratar de seu sistema genital.

2 Estabeleça uma relação entre as colunas de acordo com as informações sobre o sistema genital. Copie o número da frase e a letra do termo ao qual ela se refere.

a) Órgão no qual o bebê se desenvolve.

b) Célula sexual feminina.

c) Célula sexual masculina.

d) Estrutura do corpo masculino que produz espermatozoides e hormônio.

e) Estrutura do corpo feminino que produz óvulo e hormônio.

I. ovário

II. útero

III. óvulo

IV. testículo

V. espermatozoide

3 Explique o que significa:

a) ovulação; _____

b) fecundação; _____

c) menstruação. _____

4 Observe as imagens a seguir e depois faça o que se pede.

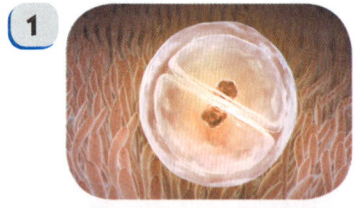

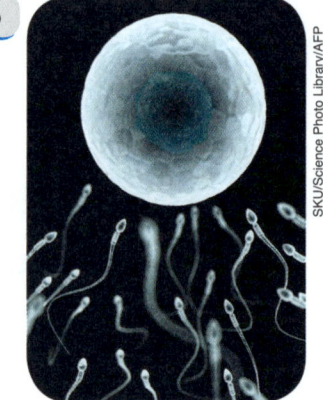

a) Que fenômeno as imagens representam?

_____

b) As imagens estão fora de ordem. Ordene-as e escreva, para cada imagem, um pequeno texto explicativo, em seu caderno.

5 A aids é uma doença contagiosa que pode ser transmitida pela relação sexual. Observe o gráfico a seguir e responda às questões.

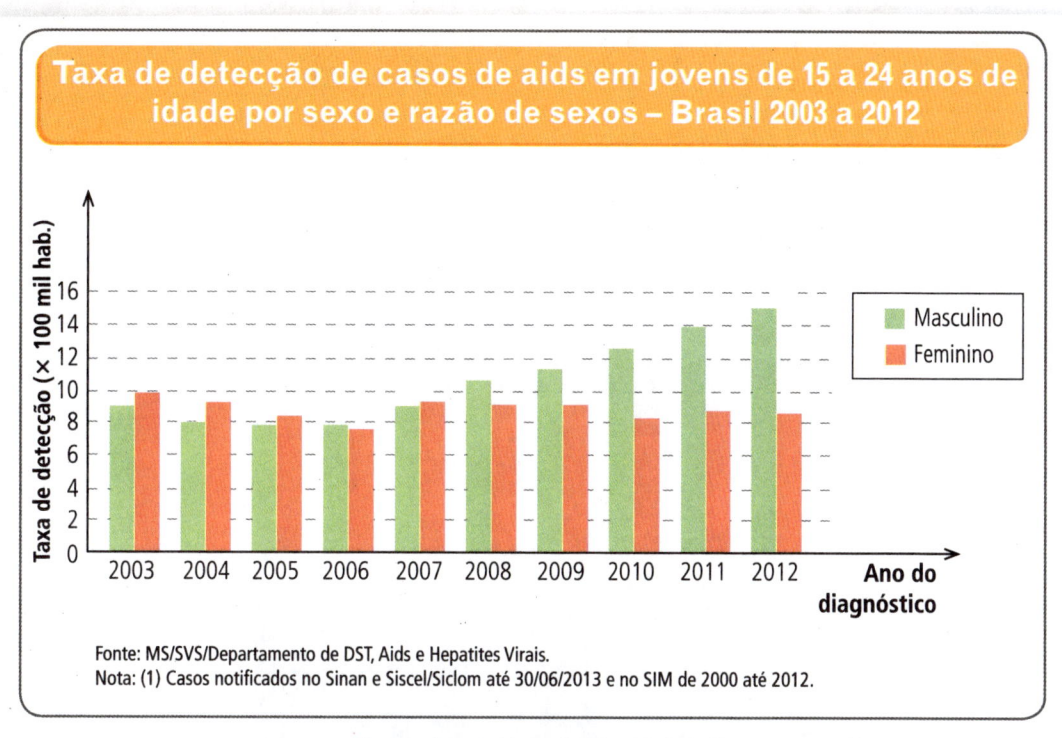

Taxa de detecção de casos de aids em jovens de 15 a 24 anos de idade por sexo e razão de sexos – Brasil 2003 a 2012

Fonte: MS/SVS/Departamento de DST, Aids e Hepatites Virais.
Nota: (1) Casos notificados no Sinan e Siscel/Siclom até 30/06/2013 e no SIM de 2000 até 2012.

Fonte: <www.aids.gov.br/sites/default/files/anexos/publicacao/2013/55559/_p_boletim_2013_internet_pdf_p__51315.pdf>. Acesso em: 20 abr. 2014.

a) O que representa a coluna verde no gráfico? E a vermelha?

_____

_____

b) O que é possível perceber analisando o gráfico?

_____

_____

_____

c) Quais seriam as possíveis causas da contaminação desses jovens com o vírus da aids?

_____

_____

_____

CAPÍTULO 3
Controle do organismo e sentidos

Observe com atenção a imagem a seguir e discuta as questões com os colegas.

▶ William Ely Hill. *Minha mulher e minha sogra*. Puck, 1915.

Diálogo inicial

1. O que você vê nessa imagem?
2. Todos viram a mesma coisa?
3. Que parte de seu organismo foi acionada para que você pudesse compreender o que estava visualizando?
4. Você já viu outras imagens parecidas com essa? Onde? O que elas mostravam?

Sistema nervoso

O **sistema nervoso** é o principal responsável pelo comando do funcionamento do corpo e pela interpretação do que acontece ao nosso redor. Observe alguns exemplos desse controle.

▶ Os movimentos do corpo são coordenados pelo sistema nervoso.

▶ A memória e a inteligência são responsabilidade do sistema nervoso.

▶ Os estímulos sensitivos captados pelos sentidos são interpretados pelo sistema nervoso.

Comandado pelo sistema nervoso, o organismo humano realiza diversas ações. Algumas ocorrem de forma consciente e dependem de nossa vontade para acontecer, como ler, jogar bola, correr, pular etc. Outras são realizadas sem que seja necessário pensar para que ocorram, como os movimentos do estômago e do intestino, os batimentos do coração, a dilatação e a contração da pupila, a liberação de hormônios, a contenção da urina, por exemplo.

O sistema nervoso divide-se em duas partes principais: o **sistema nervoso central** e o **sistema nervoso periférico**.

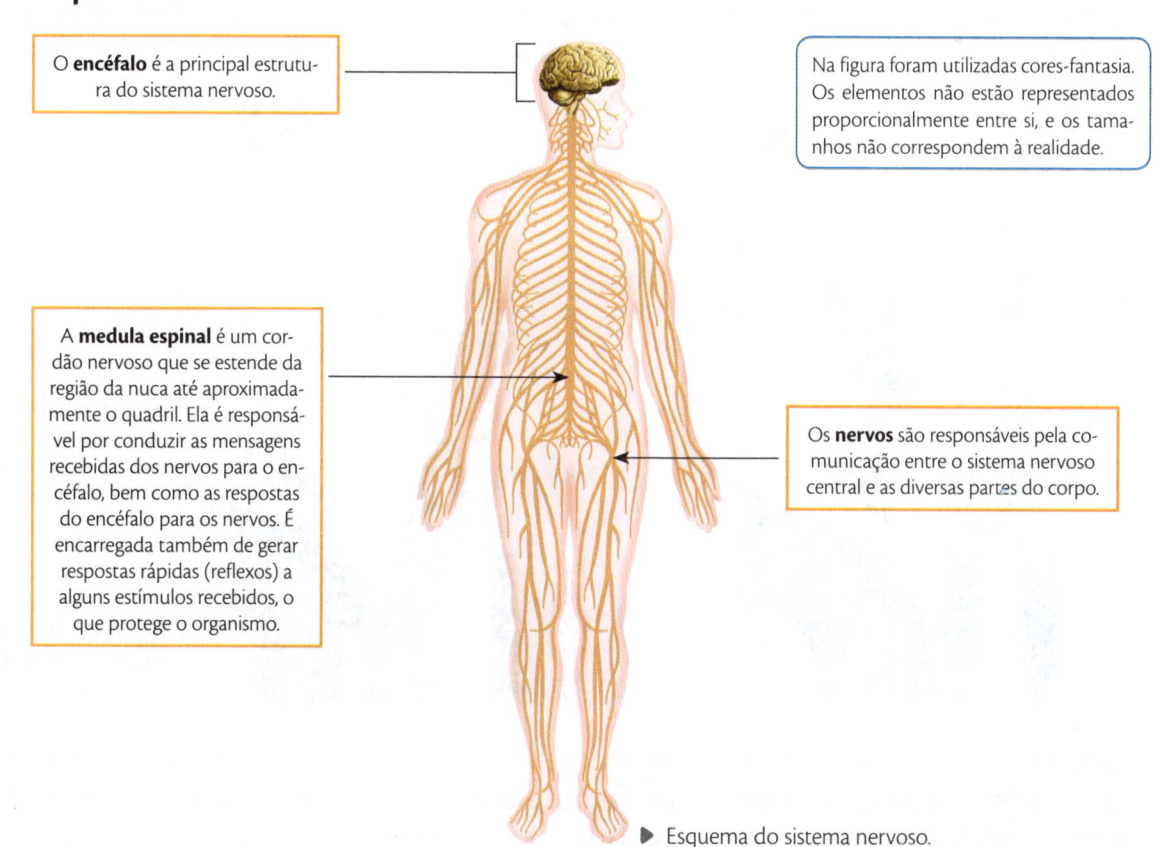

O **encéfalo** é a principal estrutura do sistema nervoso.

Na figura foram utilizadas cores-fantasia. Os elementos não estão representados proporcionalmente entre si, e os tamanhos não correspondem à realidade.

A **medula espinal** é um cordão nervoso que se estende da região da nuca até aproximadamente o quadril. Ela é responsável por conduzir as mensagens recebidas dos nervos para o encéfalo, bem como as respostas do encéfalo para os nervos. É encarregada também de gerar respostas rápidas (reflexos) a alguns estímulos recebidos, o que protege o organismo.

Os **nervos** são responsáveis pela comunicação entre o sistema nervoso central e as diversas partes do corpo.

▶ Esquema do sistema nervoso.

◈ Os componentes do sistema nervoso

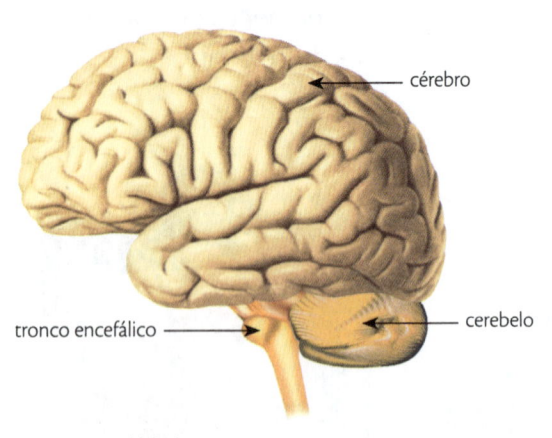

O sistema nervoso central é formado pelo **encéfalo** e pela **medula espinal**. O encéfalo localiza-se dentro da caixa craniana e é formado pelo cérebro, cerebelo e tronco encefálico. O **cérebro** é a sede da inteligência, da memória, do raciocínio e da consciência, além de ser o responsável por transformar em sensações as mensagens recebidas pelos órgãos dos sentidos. O **cerebelo** é responsável pelo controle do equilíbrio e pela coordenação dos movimentos do corpo. O **tronco encefálico** fica na parte inferior do encéfalo e controla os movimentos respiratórios, cardíacos, do sistema digestório, entre outros.

▶ Encéfalo humano.

Na figura foram utilizadas cores-fantasia. Os elementos não estão representados proporcionalmente entre si, e os tamanhos não correspondem à realidade.

A medula espinal localiza-se dentro da coluna vertebral e é protegida por ela. Uma de suas funções é possibilitar os reflexos do corpo.

O sistema nervoso periférico é formado pelos **nervos**, que são os responsáveis pela comunicação entre o sistema nervoso central e as diversas partes do corpo. Nessa comunicação, os estímulos percebidos pelas diferentes partes do corpo são conduzidos na forma de **impulsos nervosos** pelos nervos até o encéfalo ou até a medula e desta até o encéfalo, que interpreta essas informações e pode gerar novos impulsos nervosos até a parte do corpo que efetuará a resposta.

Certas vezes, o estímulo desencadeia uma resposta mesmo sem a informação passar pelo encéfalo (passando apenas pela medula): são os atos reflexos. É o que demonstram as imagens a seguir.

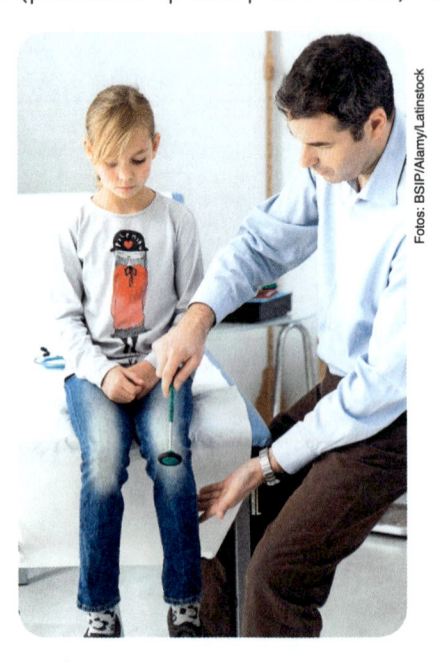

▶ Médico testa ato reflexo de paciente. Ao bater no joelho é gerado um impulso nervoso que segue pelos nervos até a medula espinal. Dela, ele volta aos músculos da perna por outros nervos. Esse tipo de reflexo não conta com a participação do encéfalo.

Diferentes estímulos podem ocasionar reações automáticas no corpo. Na imagem acima, o paciente estende a perna mesmo sem o encéfalo coordenar esse movimento, ou seja, involuntariamente. O estímulo dessa reação foi a pressão causada pela batida no joelho.

Atividades

1 O diagrama a seguir representa o sistema nervoso. Complete os quadros com os termos corretos.

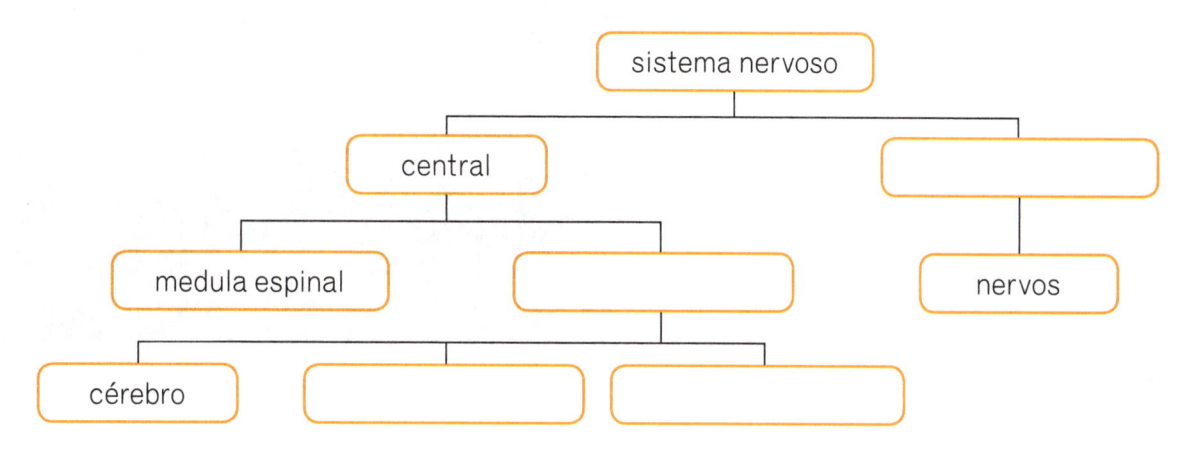

```
                    sistema nervoso
                   /              \
              central              _____
             /   |   \                |
     medula   _____                nervos
     espinal
     /    \
  cérebro  ___  ___
```

2 Quando nos ferimos, como ao prensar o dedo na porta, logo tiramos a mão do local do incidente sem perceber. Só depois sentimos a dor.

a) De que forma os nervos nos alertam quando nos machucamos?

_____

_____

_____

_____

b) Por que o reflexo nesse tipo de ação previne contra machucados mais graves?

_____

_____

_____

3 Alguns tipos de lesão na medula espinal podem imobilizar os membros inferiores do indivíduo, a chamada paraplegia, ou imobilizar tanto os membros superiores quanto os membros inferiores, a tetraplegia. Sabendo disso, responda à questão e faça o que se pede a seguir.

a) Por que uma fratura na região da medula espinal pode impedir os movimentos de uma pessoa?

_____

_____

_____

b) Faça uma pesquisa para descobrir por que em alguns casos as lesões na medula imobilizam os movimentos dos membros inferiores e, em outros, o movimento de membros inferiores e superiores. Escreva as informações obtidas no caderno.

▶ Herbert Vianna, músico brasileiro, ficou paraplégico após sofrer acidente.

Brincar e aprender

Truques da mente

O cérebro é capaz de ações que muitas vezes nos deixam surpresos. Fale em voz alta as cores de cada palavra sem se preocupar com o que está escrito.

VERMELHO	AZUL	PRETO	BRANCO
VERDE	MARROM	ROSA	LARANJA
BRANCO	AZUL	VERMELHO	VERDE
VERMELHO	VERDE	AZUL	PRETO
MARROM	ROSA	PRETO	BRANCO
VERMELHO	LARANJA	AZUL	AZUL
VERDE	MARROM	VERDE	VERDE

1 Converse com os colegas e o professor sobre o que você sentiu ao realizar a atividade. Foi fácil ou você teve dificuldade?

2 Como será que seu cérebro funcionou ao falar o nome das cores?

Para ir mais longe

Site
▶ *Truques da mente.* <http://cienciatv.com.br/corpo-humano/truques-da-mente>.
Vídeo que traz curiosidades sobre como nosso cérebro funciona.

Percepção do mundo

O sistema nervoso é responsável por todas as ações do corpo, incluindo nossa capacidade de ver, ouvir, sentir cheiros, texturas e gostos. Os cinco **sentidos** possibilitam que as pessoas percebam o mundo por meio da captação de diversos **estímulos**, como o luminoso, o sonoro e o tátil, que são transmitidos pelos nervos ao cérebro, que os interpreta, gerando as sensações. Veja como isso ocorre.

Visão e percepção das imagens

Os órgãos responsáveis por receber os estímulos luminosos são os **olhos**.

Ao enxergar uma imagem, os estímulos luminosos entram nos olhos e geram impulsos nervosos, que são transmitidos ao **cérebro** pelos nervos ópticos. O cérebro interpreta a mensagem recebida.

▶ Quando o garoto vê a bola no ar se aproximando dele, uma mensagem é transmitida ao cérebro pelo nervo óptico. O cérebro interpreta essa mensagem como alerta e gera um novo impulso, que coordena uma resposta do organismo, no caso, dominar a bola.

Audição e percepção dos sons

Os órgãos responsáveis por receber os estímulos sonoros são as **orelhas**.

Os sons, como um assobio ou um chamado, são captados pelo pavilhão auditivo e fazem vibrar as estruturas internas da orelha. Como resultado, é gerado um impulso nervoso que se desloca até o cérebro e produz a sensação de som.

▶ O som é captado pela orelha do garoto, gerando um impulso nervoso. Esse impulso é conduzido até o cérebro pelos nervos. O cérebro forma a sensação do som e gera uma resposta. Essa resposta é enviada por outros nervos às diferentes partes do corpo do menino, que reage virando em direção à pessoa que o chamou.

◈ Tato e percepção de texturas, temperatura e dor

O órgão responsável pelo tato é a **pele**, o maior órgão do corpo humano.

A pele capta estímulos de frio, calor, pressão e dor. Nesse processo, a pele gera impulsos nervosos que são encaminhados, por meio dos nervos, ao cérebro, e este, por sua vez, interpreta as mensagens e as transforma em sensações.

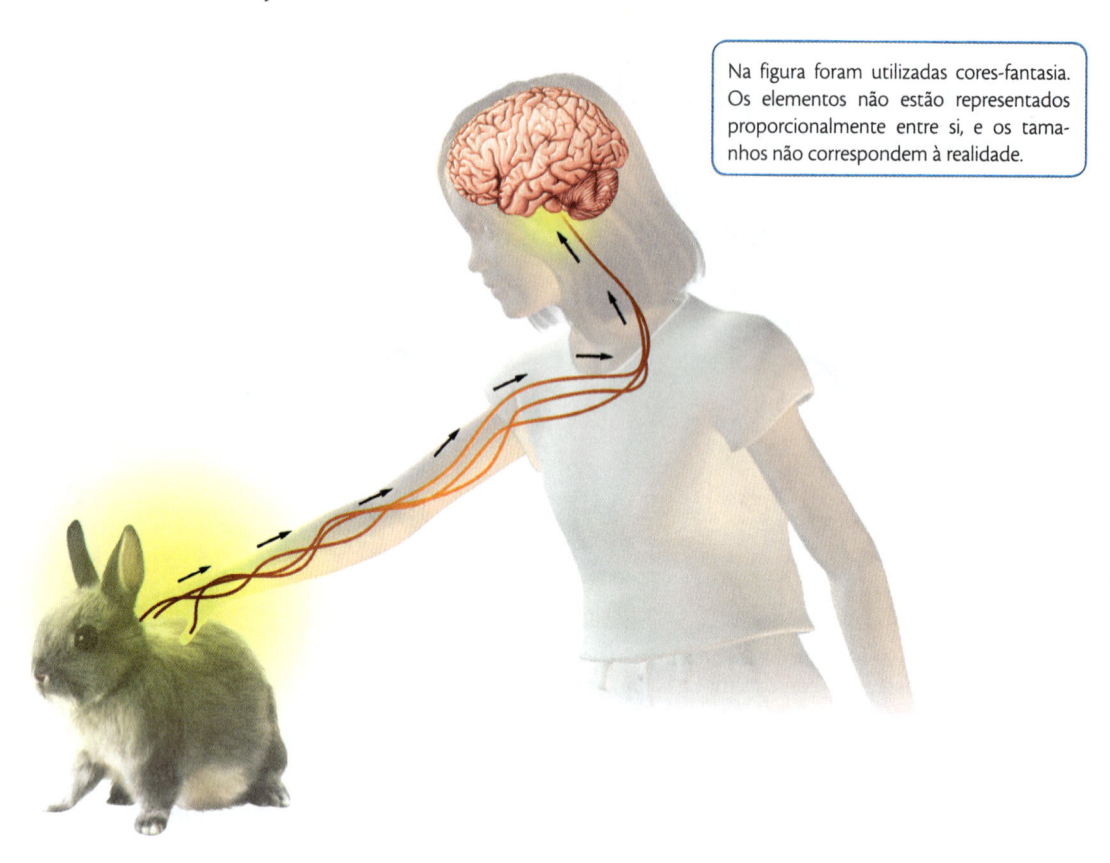

Na figura foram utilizadas cores-fantasia. Os elementos não estão representados proporcionalmente entre si, e os tamanhos não correspondem à realidade.

▶ Ao tocarmos algo é gerado um estímulo que percorre os nervos até o cérebro. Lá, ele é interpretado e podemos perceber, por exemplo, a textura dos pelos de um coelho.

▶ O tato participa dos reflexos. Quando a garota toca o espinho da rosa, é gerado um impulso nervoso na pele que percorre os nervos até a medula espinal. Lá é gerado um novo estímulo, que percorre os nervos e atinge as mãos da menina, fazendo-a soltar as flores.

◈ Olfato e percepção dos cheiros

O órgão dos sentidos capaz de perceber os cheiros é o **nariz**.

O odor apresenta pequenas substâncias que, quando percebidas pelo nariz, geram impulsos nervosos que são conduzidos até o cérebro. Lá os estímulos são interpretados e podem gerar uma resposta do organismo.

"Que olfato ótimo vocês têm! Já perceberam que o bolo está pronto."

▶ O nariz percebeu o estímulo do cheiro do bolo e gerou um impulso nervoso que seguiu até o cérebro pelo nervo olfatório. O cérebro interpretou o impulso, formando a sensação de cheiro de bolo, e também gerou um novo impulso, coordenando uma resposta do organismo.

◈ Gustação e percepção dos gostos

O principal órgão responsável pela gustação é a **língua**.

A língua é um órgão muscular com diversas saliências em sua superfície, denominadas **papilas gustativas**. Elas são estimuladas pelas substâncias contidas nos alimentos.

O estímulo gera um impulso que é levado pelos nervos ao cérebro, onde é interpretado.

▶ A língua é o órgão que nos possibilita sentir o gosto dos alimentos.

Para ir mais longe

Livro

▶ *Sentidos*, de Jinny Johnson. São Paulo: Ciranda Cultural, 2011.
O livro proporciona a exploração dos sentidos.

Baú de informações

Da escuridão para a luz

Um ano e sete meses. Idade de grandes descobertas, de aprendizagem e de alegrias. Não foi assim para a pequena Helen Adams Keller e seus pais. Depois de uma grave doença, ela perde a visão e a audição. A mudez vem logo em seguida, como consequência. É na dor dessa escuridão que vive a menina até os seis anos, nervosa, agressiva, indefesa, sem esperança. Mas, um dia, entra em sua vida aquela que vai lhe trazer de volta a alegria de viver: Miss Sullivan.

Anne Mansfield Sullivan é apresentada aos pais de Helen por Alexander Graham Bell, o inventor do telefone e educador de crianças surdas. Primeiro, ela teve de vencer as barreiras do medo: o seu próprio e o da menina, enclausurada em suas deficiências. Um mês após, entretanto, Helen já demonstrava a aluna que seria: adquiriu, nesse tempo tão curto, o dom da linguagem das mãos.

▶ Anne Sullivan e Helen Keller conviveram durante 49 anos. Keller foi a primeira pessoa sem visão e audição a completar pós-graduação em uma faculdade.

Sempre sob a orientação de Anne Sullivan, Helen frequentou ótimas escolas. Aprendeu a falar, ler, escrever. Tornou-se escritora e viajou por vários países, fazendo conferências e realizando importante trabalho cultural.

Helen nasceu em Tuscumbia, Alabama, EUA, em 27 de julho de 1880, e morreu em Westport, Connecticut, EUA, no dia 1º de junho de 1968. Seu sucesso é sempre lembrado como vitória da força de vontade sobre as deficiências fisiológicas.

Telma Lúcia Ferreira Rossi. *Audição e fala*. São Paulo: Ática, 1996. p. 36.

1 Em quais sentidos Helen apresentava deficiência?

_____

2 A deficiência de Helen foi motivo para ela não se tornar uma pessoa bem-sucedida? Por quê?

_____

_____

3 Responda oralmente. Você já ouviu falar na "linguagem das mãos"? Em sua opinião, qual é a importância do desenvolvimento de uma linguagem específica para pessoas que não se comunicam por meio da fala? O que ela significa?

Atividades

1 Encontre no diagrama as palavras a seguir.

tato
olfato
visão
gustação
audição
língua
orelha
nariz
olho
pele
braile
língua de sinais

*	I	H	Q	O	L	H	O	W	P	R	E	P	T	L	U	I	L	O	P
S	D	N	Z	V	C	G	D	R	H	B	O	E	Ç	L	Ã	P	I	S	A
L	Í	N	G	U	A	*	D	E	*	S	I	N	A	I	S	V	*	X	Z
C	I	G	H	X	T	A	T	O	I	F	D	O	F	Z	N	I	O	Õ	A
P	E	A	Z	V	L	O	Ã	A	F	Z	E	P	Õ	E	O	I	B	Q	T
K	K	G	C	P	K	S	Y	*	T	E	R	Z	F	O	L	P	D	O	H
G	F	U	R	X	S	B	N	A	R	I	Z	Q	W	Ã	F	Q	K	R	*
*	B	S	K	Ã	X	R	A	O	A	L	V	Z	Í	B	A	H	O	E	H
P	W	T	C	D	P	A	L	O	Ç	L	*	O	Ç	I	T	X	H	L	L
S	V	A	Z	K	K	I	T	V	R	Í	G	A	K	D	O	F	F	H	P
N	N	Ç	X	*	C	L	A	U	D	I	Ç	Ã	O	B	V	*	X	A	J
D	D	Ã	J	I	K	E	O	V	X	R	T	H	S	O	A	B	A	K	E
C	O	O	V	E	T	T	O	O	L	*	O	P	E	L	E	N	I	R	P
P	*	Ã	O	T	L	Í	N	G	U	A	O	R	R	O	N	I	O	C	C
A	P	A	U	L	P	C	O	V	B	É	J	O	X	P	C	B	R	P	A
Ç	E	R	G	Ã	V	W	N	O	P	W	G	I	S	V	I	S	Ã	O	T

2 Observe as fotografias a seguir, identifique o uso de um dos cinco sentidos em cada uma delas e escreva no caderno uma legenda para explicar como funcionam esses sentidos.

A

B

C

D

E

57

Brincar e aprender

1 Decifre a carta enigmática sobre os sentidos do olfato e gustação.

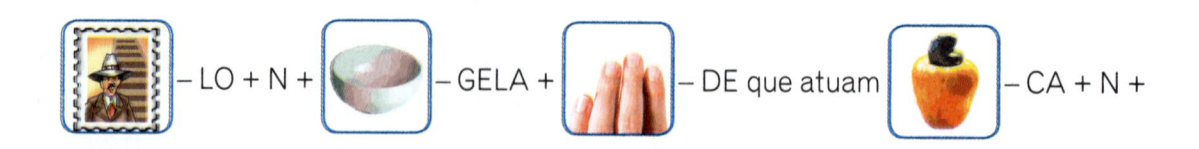

O 👁 – HO + 🔪 – CA + 🟦 – ALHA e a GUST + ❤️ – COR são

📮 – LO + N + 🥣 – GELA + ✋ – DE que atuam 🫑 – CA + N +

🪵 – PALI no 🧘 O 💵 – QUE + I + 🍾 – LHA, 💧 – TA + S

+ 🗼 – RRE + SO de 🔟 – ANÇA + MENTO faz com que a 👄

se EN + 🪓 – MA – DO de 🍃 + I + 🍇 – U

_____

_____

_____

2 Nas páginas 213 a 215 do livro você encontra peças para montar um dominó sobre os sentidos. Destaque as páginas, cole-as em uma cartolina e recorte as peças. Depois, espalhe-as sobre a carteira com a face desenhada virada para baixo e convide um colega para jogar com você. Cada um pega sete peças. Começa o jogo quem tiver a peça na qual está escrito **SENTIDOS**. Se ninguém a tiver, um por vez pega uma peça na carteira até consegui-la, dando início ao jogo. Vale lembrar que, em cada jogada, deverá ser colocada uma peça que tenha um dos lados relacionado com o lado da peça que já está na mesa (a peça com extremidade livre). Ganha o jogo quem conseguir ficar primeiro sem nenhuma peça na mão.

Sistema endócrino

O sistema nervoso controla o funcionamento do corpo por meio dos impulsos nervosos. Existe também outro sistema que controla algumas ações específicas do nosso corpo: é o **sistema endócrino**. Ele o faz pela liberação de substâncias especiais, os **hormônios**, que são produzidos por diferentes glândulas e têm uma função determinada. Veja uma situação específica da ação do sistema endócrino.

▶ Quando você está em uma montanha-russa, uma série de reações acontece no organismo: o coração dispara, as pupilas se dilatam, as mãos podem tremer ou suar frio, as pernas amolecem etc. Essas reações ocorrem pela ação da adrenalina, o hormônio das emoções. A adrenalina é produzida pelas glândulas suprarrenais, que se localizam sobre os rins.

Além das suprarrenais, o corpo humano tem outras glândulas produtoras de hormônios, como você pode observar na ilustração a seguir.

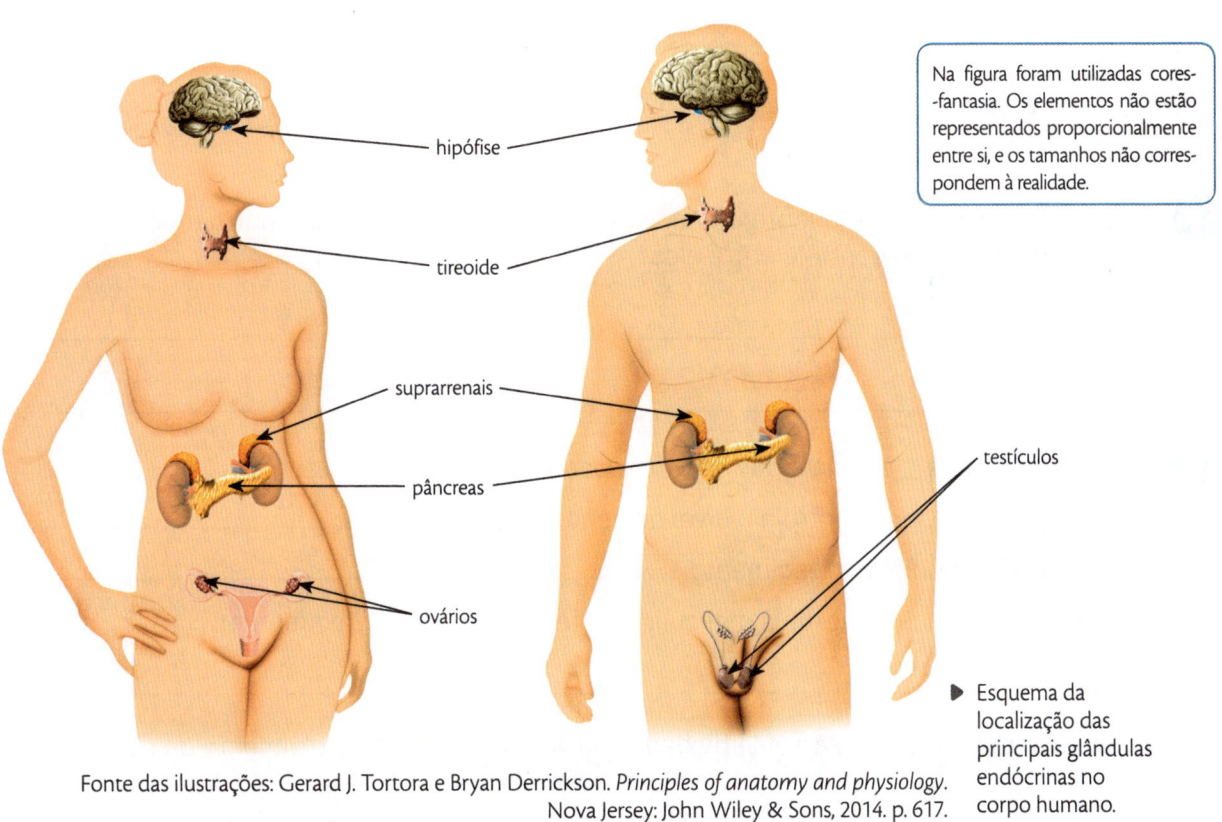

Na figura foram utilizadas cores-fantasia. Os elementos não estão representados proporcionalmente entre si, e os tamanhos não correspondem à realidade.

- hipófise
- tireoide
- suprarrenais
- pâncreas
- ovários
- testículos

▶ Esquema da localização das principais glândulas endócrinas no corpo humano.

Fonte das ilustrações: Gerard J. Tortora e Bryan Derrickson. *Principles of anatomy and physiology*. Nova Jersey: John Wiley & Sons, 2014. p. 617.

Conheça um pouco melhor as funções de cada uma das glândulas apresentadas na página anterior.

- A hipófise é a glândula-mestra, porque seus hormônios controlam o funcionamento de outras glândulas. Ela também produz o hormônio do crescimento e o hormônio responsável pela produção de leite nas mães, entre outros.
- A tireoide, por meio da produção de hormônios, controla as atividades das células e o desenvolvimento do ser humano nas principais fases da vida.
- As suprarrenais produzem a adrenalina, que atua em situações de medo, estresse ou excitação, aumentando o ritmo cardíaco e o fluxo sanguíneo para os músculos.
- O pâncreas produz a insulina, que controla o nível de açúcar no sangue. A falta de insulina causa diabetes.
- Os testículos e os ovários são as glândulas sexuais, que produzem hormônios sexuais e gametas.

Valores e vivências

As pessoas cujo pâncreas não produz insulina têm diabetes do tipo 1. Elas precisam controlar diariamente a taxa de glicose (açúcar) no sangue e receber injeções diárias de insulina. Outras pessoas podem adquirir diabetes do tipo 2 quando se tornam obesas, por exemplo. O controle alimentar e a prática regular de atividades físicas são fundamentais para evitar essa doença e as complicações que ela pode trazer.

Atividades

1 Tanto o sistema nervoso quanto o endócrino são responsáveis pelo controle do organismo. Qual é a diferença de controle entre eles?

_____

_____

2 Escreva o nome da glândula a que se refere cada uma das frases a seguir.

a) Produz insulina, que controla o nível de açúcar no sangue: _____.

b) Produz o hormônio do crescimento: _____.

c) Produz os hormônios sexuais masculinos e femininos, respectivamente:

_____

d) Seus hormônios controlam as atividades das células e o desenvolvimento das crianças:

_____

Um pouco mais sobre...

Você costuma usar fones de ouvido? Será que eles podem causar danos à nossa audição? Sim, dependendo da altura e da frequência com que utilizamos esse objeto. Leia a seguir uma reportagem sobre este assunto.

Fones de ouvido: volume e tempo de uso são principais perigos

[...] Os fones de ouvido são uma ótima alternativa para desligar um pouco do estresse diário. Basta apertar o play e se transportar para um universo onde não existem ruídos de carros, pessoas gritando... Apenas sua música favorita. Entretanto, utilizá-los de forma excessiva pode causar danos à audição.

Estudos indicam que problemas relacionados aos fones de ouvido estão ligados a dois fatores: volume e tempo de exposição. [...].

"Se você coloca o fone e não escuta o que está acontecendo ao redor, é um indicador que você deve baixar o volume. A sugestão é que apenas metade da capacidade sonora do dispositivo seja utilizada, já que a máxima apresenta um nível de pressão muito elevado e pode danificar as estruturas do ouvido", conta a fonoaudióloga do Grupo Microsom, Maria do Carmo Branco. [...]

Como a orelha é um local propício para o desenvolvimento de fungos e outras doenças, os fones de ouvido podem funcionar como propagadores. Por isso, nada de emprestar. "O ideal é higienizá-los com pano umedecido em álcool", explica a fonoaudióloga.

Se mesmo após todas as precauções você apresentar sintomas como dor de cabeça, dor de ouvido, tontura e zumbido, procure um otorrinolaringologista. [...]

Erik Paulussi. Fone de ouvido: volume e tempo de uso são principais perigos. *CQ Brasil*, São Paulo: Globo, 18 ago. 2013. Disponível em: <http://gq.globo.com/Corpo/noticia/2013/08/fones-de-ouvido-volume-e-tempo-de-uso-são-principais-perigos.html>. Acesso em: 28 jan. 2015.

1 Quando o uso dos fones de ouvido se torna prejudicial?
_____

2 Como podemos saber se o volume do fone de ouvido está muito alto?
_____
_____

3 Por que não é adequado emprestar o fone de ouvido para outra pessoa?
_____
_____

Revendo o que você aprendeu

1 Identifique e anote o sistema de controle do corpo a que se refere cada situação a seguir.

a) Controla o funcionamento do organismo por meio dos impulsos nervosos.

_____

b) Controla o organismo por meio da produção de hormônios.

_____

2 Entre as frases a seguir, uma delas está incorreta. Assinale-a e depois reescreva a frase tornando-a verdadeira.

a) ( ) O sistema nervoso apresenta-se dividido em central e periférico.

b) ( ) O sistema nervoso central é formado pelo encéfalo e pela medula espinal.

c) ( ) O encéfalo localiza-se dentro da caixa craniana.

d) ( ) O cérebro localiza-se na coluna vertebral.

e) ( ) O encéfalo é formado pelo cérebro, cerebelo e tronco encefálico.

_____

3 Nomeie os componentes do sistema nervoso central descritos a seguir.

a) É responsável por transformar em sensações as mensagens recebidas pelos órgãos dos sentidos.

_____

b) Fica na parte inferior do encéfalo e controla os movimentos respiratórios, cardíacos, do sistema digestório, entre outros.

_____

c) É responsável pelo controle do equilíbrio e pela coordenação dos movimentos do corpo.

_____

d) Cordão nervoso que se estende da região da nuca até aproximadamente o quadril, conduz mensagens e gera respostas rápidas, que protegem o organismo.

_____

4 Classifique cada ação a seguir como voluntária ou involuntária.

a) Movimentos do estômago e do intestino. _____

b) Ato de correr. _____

5 Coloque em ordem os elementos envolvidos quando enxergamos uma imagem e ouvimos um som.

a) nervo – cores de uma flor – cérebro – olhos

_____

b) som de uma buzina – cérebro – nervo – orelha

_____

6 Em relação aos sentidos do olfato e da gustação, responda às questões.

a) Qual é a função do olfato?

_____

b) E da gustação?

_____

c) O que são as papilas gustativas?

_____

_____

7 Descubra e escreva a palavra a que se refere cada definição do criptograma a seguir. Lembre-se de que deve ser considerada a primeira letra do nome de cada imagem e que símbolos iguais equivalem a letras iguais.

a) Possibilitam a captação dos estímulos sonoros.

b) Possibilitam a captação dos estímulos luminosos.

c) Maior órgão do corpo humano.

d) Órgão da gustação.

e) Interpreta todos os estímulos sensitivos, transformando-os em sensações.

CAPÍTULO 4

O estudo do solo

Observe a tela a seguir e, em parceria com um colega, responda às questões propostas.

▶ Edgar Calhado. *Paisagem rural*, 2011. Acrílico sobre tela, 50 × 80 cm.

Diálogo inicial

1. Qual é o título da tela? Quem é seu autor?
2. O que está mostrado na tela?
3. Ao analisar a tela, que utilidades do solo podem ser observadas?
4. Todos os solos são iguais e produtivos?

Conhecendo melhor o solo

O solo, também chamado de terra, é a camada superficial da crosta terrestre. Ele é formado por rochas fragmentadas, água e sais minerais. Nele vivem muitos animais, plantas e outros seres vivos. Observe dois exemplos.

▶ Os girassóis, assim como muitas outras plantas, dependem do solo para se desenvolver.

▶ O tatupeba constrói sua toca no solo.

Alguns seres vivos que habitam o solo são tão pequenos que só podemos vê-los utilizando uma lupa ou um microscópio. Todos esses seres são extremamente importantes no equilíbrio ambiental, pois auxiliam na **decomposição** das folhas e formam pequenos canais na terra que auxiliam a circulação da água e do ar.

É muito comum ouvirmos falar que o solo onde há minhocas é bom para o plantio. E essa afirmação está correta, pois as minhocas cavam túneis remexendo, arejando o solo e possibilitando melhor circulação de água por ele. Além disso, as fezes desses animais são **adubo** para as plantas.

Os tatuzinhos-de-quintal vivem em ambiente úmido e escuro, alimentando-se de restos de plantas encontradas no solo. Eles têm a capacidade de se enrolar em forma de bola quando se sentem ameaçados.

Vocabulário

Adubo: mistura que fornece nutrientes para as plantas.

Decomposição: processo natural de transformação de restos de seres vivos em compostos mais simples e menores.

▶ Minhocas. A minhocultura é um processo de reciclagem de restos de alimentos, folhas, esterco, etc. por meio da criação de minhocas.

▶ Tatuzinho-de-quintal. A atividade do tatuzinho no solo auxilia a ação dos decompositores, favorecendo a reciclagem dos nutrientes.

Os cupins são animais que podem montar cupinzeiros no solo ou pendurados em árvores. Muitos podem viver em túneis cavados nos troncos das árvores ou debaixo da terra. Eles se alimentam, principalmente, de restos de plantas presentes no solo.

▶ Os cupins vivem em sociedades, assim como as abelhas e as formigas. Os cupins com asas são os reprodutores, conhecidos como siriris.

▶ As formigas constroem formigueiros, que parecem verdadeiras cidades subterrâneas. Existem formigas que se alimentam de diferentes plantações, podendo até destruí-las.

▶ Os caracóis de jardim têm uma concha protetora e se alimentam de folhas macias e cogumelos.

▶ Os cogumelos são fungos e participam da decomposição.

Como você viu anteriormente, muitos desses animais se alimentam de restos de plantas, mas não são decompositores. Os responsáveis pela decomposição de animais e plantas mortas são os fungos e as bactérias. Eles contribuem para a formação do **húmus**.

Vocabulário

Húmus: material depositado no solo, resultante da decomposição de animais e plantas mortas.

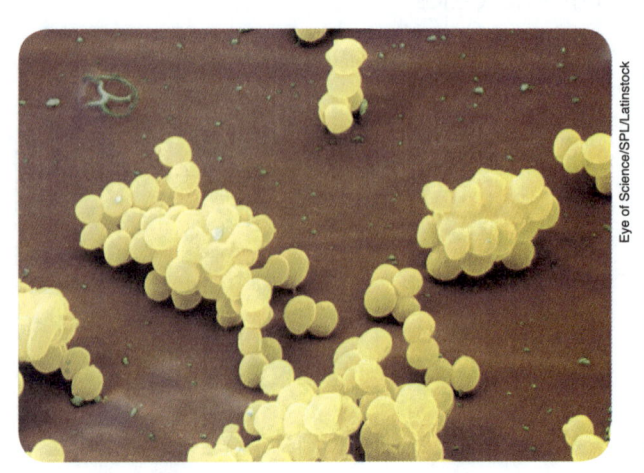

▶ Bactéria estafilococo. Imagem obtida por microscópio eletrônico. Ampliação aproximada de 6 650 vezes. Imagem colorizada.

◈ O solo para os seres humanos

O solo também é muito importante para os seres humanos, pois é nele que as pessoas constroem moradias, fazem plantações e criam animais. A maioria dos alimentos para o consumo tanto humano quanto de muitos animais tem origem no solo.

▶ Plantação de caquis em Caxias do Sul, Rio Grande do Sul, 2011.

▶ Vacas e bois se alimentam do capim que cresce no solo. Santa Maria, Rio Grande do Sul, 2012.

▶ O solo também pode ser utilizado para o lazer ou a prática de esportes. Estádio Arena Corinthians, em São Paulo, São Paulo, 2014.

▶ Sobre o solo são erguidas a maioria das construções. Paisagem de São José dos Ausentes, Rio Grande do Sul, 2012.

#NaRede

A compostagem é a transformação de restos de alimentos, folhas secas e outros resíduos de origem vegetal ou animal em adubo para a terra. Quando esse adubo é colocado no solo, ele fornece nutrientes importantes às plantas, promovendo um cultivo melhor, mais rápido e saudável. Esse adubo, chamado de **composto**, pode ser considerado menos prejudicial ao meio ambiente do que os adubos artificiais. Isso porque adubos artificiais podem desequilibrar e até poluir o solo e as águas próximas. Aprenda a construir uma composteira em espaços pequenos, como apartamentos. Sugerimos os seguintes *sites* para pesquisa:

- <http://globotv.globo.com/editora-globo/revista-epoca/v/como-fazer-a-compostagem-caseira/2496490>;
- <http://super.abril.com.br/blogs/ideias-verdes/como-fazer-adubo-com-o-lixo-organico-que-voce-produz>.

Na prática — Experimento

Objetivo
Construir um minhocário.

Material:
- um recipiente transparente com mais de 10 centímetros de altura;
- terra escura;
- areia;
- pó de giz;
- folhas secas;
- restos de alimentos vegetais que iriam para o lixo (pó de café, cascas e restos de frutas, sobras não aproveitadas de vegetais etc.);
- água;
- três minhocas, que deverão ser coletadas pelo professor;
- um pedaço de tule ou tela de náilon;
- um saco de lixo preto.

Como fazer
1. Coloque a terra no fundo do recipiente.
2. Acrescente depois camadas de pó de giz, areia e os restos de alimentos vegetais, repetindo a sequência até completar o recipiente.
3. Coloque as folhas secas.
4. Derrame cuidadosamente um pouco de água no recipiente. O professor, então, colocará as minhocas nele.
5. Tampe o recipiente com a tela de náilon ou o tule.
6. Envolva-o com o plástico preto e deixe em um local escuro.
7. Uma vez por semana, retire o plástico e veja o que aconteceu.

1 Com base nos resultados da atividade, faça o que se pede.
   a) Construa uma tabela para registrar as datas de suas observações, fazendo um desenho que represente como está o minhocário em cada etapa.
   b) Depois de concluídas as observações, faça um relatório sobre o que foi possível observar.

Para ir mais longe

Site
- *Fazendinha agroecológica km 470.* <www.gentequecresce.cnpab.embrapa.br/personagens/catita/fazendinha_catita.html>. Nessa divertida brincadeira, conheça melhor o processo de compostagem, um minhocário e outros componentes da fazenda.

Atividades

1 Observe as fotografias a seguir e escreva uma explicação sobre como o solo é importante em cada uma das situações retratadas.

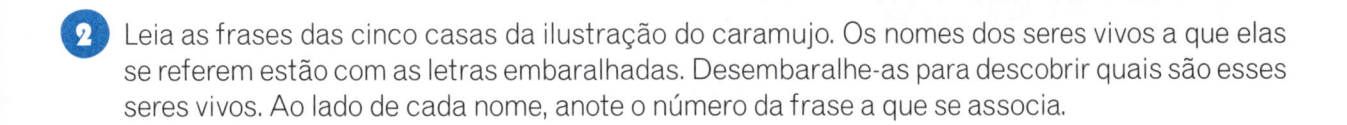

_____

_____

_____

_____

_____

2 Leia as frases das cinco casas da ilustração do caramujo. Os nomes dos seres vivos a que elas se referem estão com as letras embaralhadas. Desembaralhe-as para descobrir quais são esses seres vivos. Ao lado de cada nome, anote o número da frase a que se associa.

a) acnimohs _____

b) onufgs e iraétsbca _____

c) sargoifm _____

d) htosazintu _____

e) ucpisn _____

1. Decompõem os animais e as plantas mortas.
2. Vivem em ambiente úmido e se enrolam quando se sentem ameaçados.
3. Vivem em grandes grupos, constroem suas casas embaixo da terra e arejam o solo.
4. Cavam túneis e formam seus ninhos no solo ou no alto de árvores.
5. Cavam túneis no solo e produzem adubo, ajudando na fertilização.

3 Os cupins, insetos que vivem em grandes grupos, alimentam-se exclusivamente de vegetais, como restos de folhas e galhos caídos sobre o solo. Ao se alimentar, eles tornam os restos de vegetais menores e, assim, mais fáceis de se decomporem.

Alguns mamíferos, como os tamanduás e os macacos, alimentam-se de cupins.

Os cupins também habitam a cidade grande e, nesses locais, causam transtorno a muitas pessoas, porque comem madeira de móveis e construções.

▶ O tamanduá-bandeira é um dos animais que se alimentam de cupins. Suas garras fortes possibilitam quebrar os cupinzeiros e sua língua chega aos pequenos furos deles, onde vivem esses insetos.

a) Seria correto exterminar todos os cupins? Explique.

_____
_____
_____
_____

b) Qual é a relação entre a decomposição dos restos vegetais e a alimentação dos cupins?

_____
_____
_____

c) Considerando que a decomposição resulta em nutrientes para as plantas, podemos afirmar que os cupins são "amigos" das plantas? Explique.

_____
_____
_____

4 O húmus é o produto da decomposição de animais e plantas mortas. Se não houvesse organismos decompositores no solo, o que provavelmente aconteceria com todo o resto de seres mortos e com seus excrementos?

_____
_____
_____
_____

Formação do solo

Observe com atenção a fotografia e converse com os colegas e o professor sobre o que ela representa. O que provocou a alteração das rochas? De que forma o local está sendo alterado?

A superfície dos ambientes terrestres é formada por rochas de diversos tipos. Essas rochas podem estar na superfície (expostas) ou no subsolo (abaixo do solo). Quando estão expostas, as rochas sofrem a ação da água, dos ventos, do frio e do calor, fragmentando-se em pedaços cada vez menores. A esses fragmentos juntam-se resíduos de origem animal e vegetal, como fezes de aves, plantas e animais pequenos.

▶ Parque Nacional de Jericoacoara, Ceará, 2012.

Observe nas ilustrações a sequência da formação do solo.

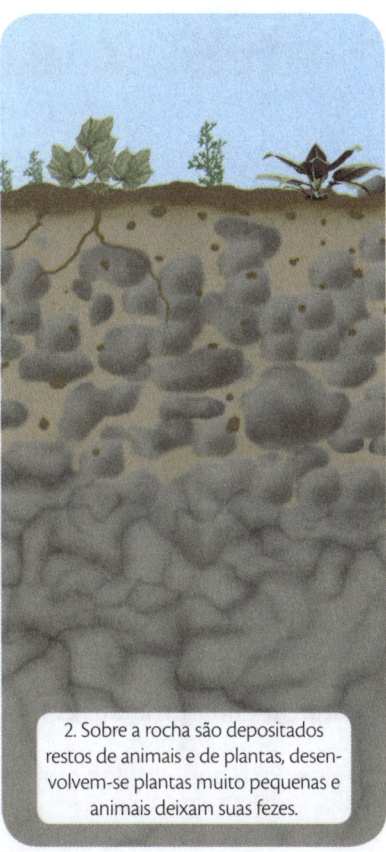

1. A rocha se fragmenta com a ação do Sol, dos ventos e da chuva.

2. Sobre a rocha são depositados restos de animais e de plantas, desenvolvem-se plantas muito pequenas e animais deixam suas fezes.

3. É formada uma camada de solo por restos de plantas e animais combinados com fragmentos pequenos das rochas (minerais). Sobre o solo surgem plantas de médio porte.

passagem do tempo ⟶

Nas figuras foram utilizadas cores-fantasia. Os elementos não estão representados proporcionalmente entre si, e os tamanhos não correspondem à realidade.

Na prática — Experimento

Ao estudar a composição do solo de determinado local, os especialistas analisam seu perfil – uma espécie de "corte" do solo –, que mostra suas diferentes camadas.

Objetivo
Construir um modelo de perfil do solo.

Olho vivo!
Peça a um adulto que corte a garrafa.

Material:
- garrafa PET transparente, de 2 litros ou mais;
- rochas de tamanho médio;
- pedaços de rochas;
- terra avermelhada;
- terra preta;
- plantas de pequeno porte;
- argila;
- sementes;
- água;
- colher;
- quatro etiquetas.

Como fazer
1. Um adulto deverá cortar o gargalo da garrafa.
2. Coloque no fundo da garrafa as rochas e um pouco de argila para formar uma camada sólida – a rocha-mãe.
3. Acima dela, coloque os pedaços de rochas e, usando a colher, preencha os espaços entre eles com a terra avermelhada até formar uma camada – camada C.
4. Com a colher, coloque a terra avermelhada sobre os pedaços de rochas (camada B) e, sobre ela, a terra preta (camada A).
5. Coloque algumas sementes na terra preta e plante as mudas.
6. Molhe bem a terra, sem encharcá-la.
7. Coloque as etiquetas para identificar cada uma das camadas que você organizou.

1 Com base nos resultados da atividade, troque ideias com os colegas e responda oralmente às questões a seguir.
   a) O que você construiu?
   b) Qual é a camada mais superficial do perfil do solo que você construiu?
   c) Como podemos associar a rocha-mãe com a origem do solo?
   d) Que fatores atuam, em especial, na fragmentação das rochas?

Composição e tipos de solo

Os solos não são iguais, pois se originam de rochas diferentes e estão sob condições ambientais diversas. Eles apresentam cores e componentes distintos. Alguns são mais fofos, outros são mais duros; alguns são mais secos, outros retêm mais água; alguns têm partículas bem pequenas, e outros, mais espessas.

O solo é formado por elementos líquidos (a água), gasosos (o ar) e sólidos.

Os componentes sólidos surgem da fragmentação das rochas e da mistura desses fragmentos com restos de seres vivos. Os principais são a areia, a argila e o húmus (formado por restos animais e vegetais decompostos).

Cabe destacar que um solo fértil é aquele que apresenta a quantidade adequada de cada um desses componentes.

O **solo arenoso** tem como principal componente a areia. É um solo que deixa grande parte da água passar, ou seja, apresenta baixa retenção de água, tornando-se seco. As plantas presentes em dunas e praias são capazes de se desenvolver nesse tipo de solo.

▶ Solo arenoso.

O **solo argiloso** tem como principal componente a argila. Como ela traz grãos menores e mais unidos uns aos outros, esse solo encharca com facilidade, apresentando alta retenção de água. Plantas como o arroz se desenvolvem em solo argiloso.

▶ Solo argiloso.

O **solo humífero** tem quantidade significativa de restos de animais e plantas misturados à parte mineral. É um solo mais solto, que deixa a água passar em quantidade adequada, sendo ideal para o plantio.

▶ Solo humífero.

Para ir mais longe

Livro
▶ *O solo e a vida*, de Rosicler Martins Rodrigues. São Paulo: Moderna, 2013. Livro que traz informações complementares sobre o solo e sua relação com os seres vivos.

Visita
▶ **Museu de Ciências da Terra Alexis Dorofeef**
Av. Pasteur, 404, Urca. Rio de Janeiro, Rio de Janeiro. Ligado ao departamento de solos da Universidade Federal de Viçosa (UFV), o museu tem em seu acervo elementos relacionados ao solo, rochas e minerais. Veja mais em: <www.mctad.ufv.br>.

Na prática **Experimento**

Objetivo
Demonstrar a entrada de água nos solos.

Material:
- uma pedra de tamanho médio;
- um pedaço de terra seca e endurecida;
- uma colher de terra mais fofa;
- água;
- três copos de vidro;
- conta-gotas;
- folha de jornal ou plástico.

Como fazer
1. Forre a mesa com jornal ou plástico e coloque sobre ela a pedra e os dois tipos de terra coletados.
2. Pingue gotas de água sobre cada um desses materiais e observe o que acontece.
3. Despeje água nos copos, até a metade, e ponha em cada copo um dos materiais do experimento: pedra, terra seca e terra fofa. Observe o que acontece.

1 Com base nos resultados da atividade, responda oralmente às questões a seguir.

a) O que aconteceu ao pingar gotas de água sobre a pedra, a terra seca e a terra fofa?

b) O que aconteceu com os materiais quando foram colocados no copo?

c) Com base nessa atividade, você pode afirmar que existem solos que possibilitam uma melhor passagem de ar e de água por eles? Justifique.

Baú de informações

De onde vem o cheiro da chuva?

Aquela fragrância estranha que aparece depois de uma chuvarada, especialmente nas áreas rurais, é causada por uma bactéria. Parece esquisito, mas é isso mesmo: quando as primeiras gotas de chuva atingem o chão, a camada superficial do solo fica toda bagunçada. Com o impacto dos pingos-d'água, as partículas que repousam na faixa externa de terra são impulsionadas para o ar e se misturam com o vapor em suspensão, gerando uma espécie de *spray* úmido. Além de gotículas de água, esse *spray* também contém minúsculos grãos de terra e colônias de *Streptomyces*, um **gênero** de bactéria que cresce naturalmente no solo com umidade. [...]

> **Vocabulário**
>
> **Gênero:** grupo que reúne seres vivos bastante semelhantes entre si. Por exemplo, o cão doméstico e o lobo pertencem ao mesmo gênero.

De onde vem o cheiro da chuva? *Mundo Estranho*, Edição: 17, 1 jul. 2003. *Mundo Estranho*/Abril Comunicações S/A.

Atividades

1 Numere as etapas de formação do solo, na ordem em que elas ocorrem.

2 Complete as frases com os componentes do solo.

a) O solo apresenta componentes: _____, líquidos e _____.

b) O solo que encharca com facilidade é o _____ e o mais seco é o _____.

c) O _____ contém grande quantidade de restos de animais e de plantas que são misturados ao solo e formam o solo _____.

d) O solo que é arejado e deixa passar quantidade de água adequada ao plantio é o _____.

O solo para agricultura

Quando um solo já foi muito utilizado para a produção agrícola, ele necessita de cuidados especiais, que recuperem suas características adequadas ao plantio. Entre esses cuidados estão:

- não deixar o solo totalmente sem vegetação;
- adubar – acrescentar ao solo os nutrientes faltantes por meio de adubo, que pode ser natural (originário de restos de animais e plantas) ou artificial (produto preparado em indústrias);
- drenar – retirar o excesso de água do solo, construindo valas (buracos compridos) e adicionando terra (aterros), entre outras técnicas;
- arar – remexer o solo para torná-lo fofo e possibilitar que a água e o ar penetrem melhor nele, o que facilita o desenvolvimento das plantas;
- irrigar – molhar o solo em plantios nos quais a água da chuva não garante a boa produção agrícola.

Olho vivo!

Quando há problemas no solo, o engenheiro agrônomo é o profissional que pode fazer a análise do solo e indicar a técnica mais adequada para solucionar o problema.

▶ Adubação.

▶ Drenagem.

▶ Aração.

▶ Irrigação.

Preservação e degradação do solo

Uma das consequências do uso incorreto do solo é sua destruição gradativa.

Em um terreno inclinado, por exemplo, a plantação deve ser feita em linhas curvas ou em degraus, como mostra a imagem ao lado, para diminuir a velocidade da água das chuvas e evitar que o solo seja carregado morro abaixo.

Ações que levam à improdutividade do solo são desmatamentos, queimadas e descarte inadequado do lixo.

▶ Plantação de arroz no sistema de degraus.

As pessoas desmatam a fim de liberar o solo para o plantio e a criação de animais ou mesmo para comercializar a madeira. O solo descoberto aumenta a chance de **erosão**, ou seja, a perda de camadas de solo que são levadas pela ação do vento, das águas das chuvas e dos rios e ainda pela ação das pessoas. O terreno erodido fica cheio de buracos e pobre em nutrientes.

As queimadas, feitas principalmente com o objetivo de limpar o terreno para o novo plantio, também empobrecem o solo, pois, além de torná-lo muito seco, eliminam muitos de seus nutrientes, e também os seres vivos que o habitam e o enriquecem com nutrientes.

▶ Queimada para abertura de roça em Teresópolio, Rio de Janeiro, novembro de 2011.

O lixo jogado na natureza pode poluir e contaminar o ambiente e aumentar a proliferação de insetos, ratos e outros animais transmissores de doenças. Esse lixo pode ter resíduos domésticos, restos de defensivos agrícolas utilizados em lavouras ou outros materiais. O lixo que atinge o solo pode facilmente poluir e contaminar também as águas próximas a ele.

▶ Lixão em Ribeirópolis, Sergipe, 2008. Muitas pessoas sobrevivem catando lixo. Nesse ambiente, elas estão expostas a doenças.

Para ir mais longe

Sites
▶ *A encrenca do lixo*. <http://planetasustentavel.abril.com.br/planetinha/testes/encrenca-lixo.shtml>. Jogo que testa os conhecimentos sobre a maneira correta de descartar o lixo.

▶ *A exploração de minérios traz algum prejuízo ao planeta?*. <http://planetasustentavel.abril.com.br/infograficos/popup.shtml?file=/InfoMundo>. Infográfico que mostra os impactos que a atividade de mineração pode causar à natureza.

Atividades

1 Observe a charge e responda às questões.

a) Qual é a forma de destruição ambiental retratada nela?

_____

b) O que pode acontecer com esse solo devido ao corte das árvores?

_____

c) Você considera adequada a atitude das pessoas mostradas na charge?

_____

_____

d) Quais seriam os prejuízos para esse solo se, além de cortar as árvores, as pessoas queimassem os restos de vegetação?

_____

_____

2 Marque um **X** nas frases corretas.

a) ☐ A degradação decorre do uso incorreto do solo.

b) ☐ O desmatamento pode ser feito para liberar áreas para o plantio e criação de animais, porém prejudica o equilíbrio ambiental.

c) ☐ As queimadas podem ser feitas para retirar os restos de plantas para o novo plantio, porém prejudicam o solo.

d) ☐ A erosão é o desgaste do solo.

3 Escreva três atitudes corretas para diminuir a produção de lixo.

_____

4 Leia a letra da música "Amor à natureza", de Paulinho da Viola:

[...]
Cinzentas nuvens de fumaça
Umedecendo meus olhos
De aflição e de cansaço
Imensos blocos de concreto
Ocupando todos os espaços
Daquela que já foi a mais bela cidade
Que o mundo inteiro consagrou
Com suas praias tão lindas
Tão cheias de graça, de sonho e de amor
Flutua no ar o desprezo
Desconsiderando a razão
Que o homem não sabe se vai encontrar
Um jeito de dar um jeito na situação
Uma semente atirada
Num solo fértil não deve morrer
É sempre uma nova esperança
Que a gente alimenta de sobreviver

Paulinho da Viola. Amor à natureza. In: *Paulinho da Viola*. Rio de Janeiro: Odeon, 1975. 1 disco sonoro. Lado A, faixa 5.

a) Das características retratadas na canção, quais não agradam o autor?

_____

_____

b) O autor tem esperança para a solução dos problemas ambientais apresentados? Cite um exemplo.

_____

_____

5 Observe a fotografia. Leia as informações a seguir e discuta com os colegas e o professor as questões propostas.

A fotografia mostra uma situação frequente em alguns locais do Brasil, em razão das fortes chuvas: os desmoronamentos – ou deslizamentos – de encostas de morros. Esses eventos podem se tornar verdadeiras tragédias, levando a vida de muitas pessoas, além de destruir moradias, ruas, dificultar o acesso a escolas e hospitais, entre outros problemas.

a) Você já viu ou ouviu notícias sobre deslizamentos? Por que eles ocorrem? Por que as pessoas moram nessas áreas de risco?

b) Em sua opinião, o que pode ser feito para evitar que pessoas percam a casa ou até mesmo a vida em acidentes como esses?

▶ Encosta onde ocorreu deslizamento de terra em São Paulo, São Paulo, 2011.

Revendo o que você aprendeu

1 Complete as frases a seguir, sobre a formação do solo.

a) As rochas sofrem a ação da _____, do _____, do _____ e do _____.

b) As rochas se fragmentam em pedaços cada vez menores e se unem a restos de _____ e de _____ mortas.

c) O processo de formação do solo é muito _____ e se iniciou há milhares de anos.

2 Dê três características que podem diferenciar um tipo de solo de outro.

_____

_____

3 Complete o diagrama com os elementos que compõem o solo.

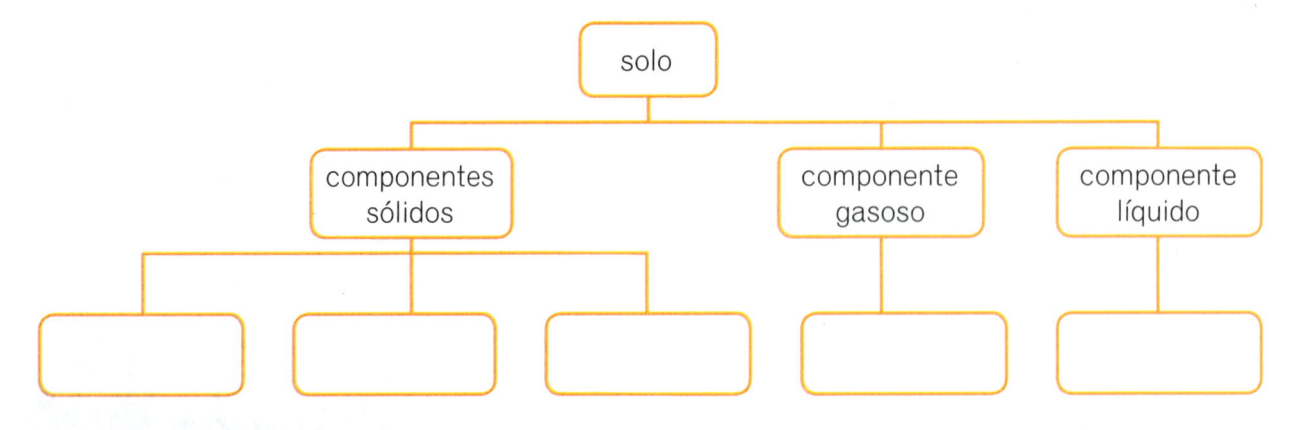

```
                        solo
         ┌───────────────┼───────────────┐
   componentes      componente      componente
     sólidos          gasoso          líquido
   ┌───┼───┐
   □   □   □            □               □
```

4 Pinte o ▢ de **amarelo** se a informação for de solo arenoso, de **laranja** se for de solo argiloso e de **marrom** se for de solo humífero.

a) ▢ Seu principal componente é a areia.

b) ▢ Seu principal componente é a argila.

c) ▢ Tem restos de animais e de plantas.

d) ▢ Encharca com facilidade.

e) ▢ Retém pouca água, sendo seco.

f) ▢ É arejado e deixa passar quantidade razoável de água.

5 Identifique a técnica usada para preservar ou melhorar a qualidade do solo para o plantio em cada situação abaixo e escreva-a na legenda. Depois, no caderno, explique como é essa técnica.

A

B

C

_____   _____   _____

D

E

_____   _____

6 O que é erosão e quais são suas causas?

_____

_____

7 Muitas cidades brasileiras apresentam problemas como enchentes e deslizamentos de terra, além de outras situações que podem tornar incômodo o cotidiano de seus moradores. Observe as imagens a seguir e compare-as. Depois, responda oralmente às questões.

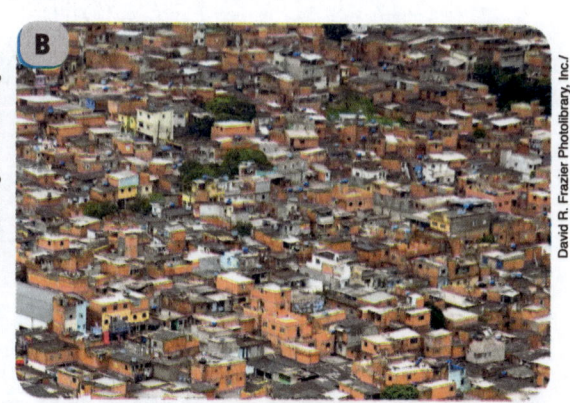

A

▶ Região arborizada em Maringá, Paraná.

B

▶ Comunidade em São Paulo, São Paulo.

a) Em qual das duas localidades o solo apresenta condições adequadas para a infiltração da água das chuvas? Justifique sua escolha.

b) O bairro onde você mora se parece com alguma das duas imagens? Qual?

c) Você já plantou ou viu alguém que você conhece plantando uma árvore? Em caso positivo, conte para os colegas qual foi essa árvore e como ela está hoje em dia.

CAPÍTULO 5

A água no planeta

Analise o cartum e responda oralmente às questões.

Homem linha — Fabiano dos Santos

"NUNCA SABEREMOS O VALOR DA ÁGUA ATÉ QUE A FONTE ESTEJA SECA."

Diálogo inicial

1. Qual é o assunto do cartum?

2. Aparentemente existe muita água em nosso planeta, basta observar os oceanos. Por que as pessoas se preocupam com sua falta?

3. Que atitudes você pratica em seu dia a dia para evitar o desperdício de água?

A água é fundamental à vida

A água faz parte da composição de todos os seres vivos. Nos seres humanos, a água ajuda a transportar substâncias por todo o corpo e regula a temperatura por meio do suor, entre outras funções.

Além de fazer parte do corpo dos seres vivos, a água está no solo, na atmosfera e nos ambientes aquáticos, como rios, lagos, **águas subterrâneas**, mares e geleiras.

A água salgada de mares e oceanos contém grande quantidade de sais minerais dissolvidos e é a mais abundante na natureza. Já as águas continentais (de rios e lagos) são chamadas de água doce e têm menos sais minerais dissolvidos.

Observe no gráfico a distribuição de água na Terra.

Vocabulário

Água subterrânea: toda a água localizada abaixo da superfície da Terra.

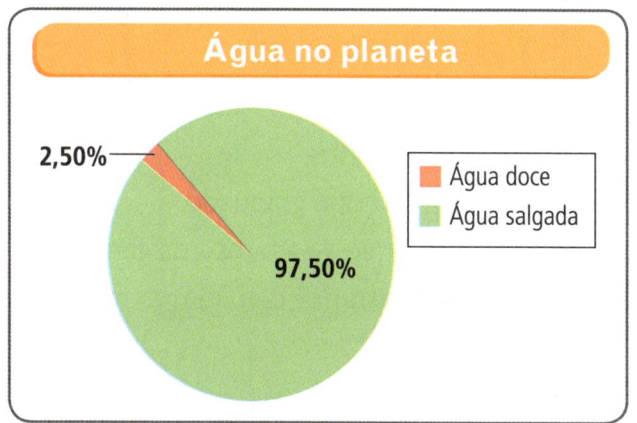

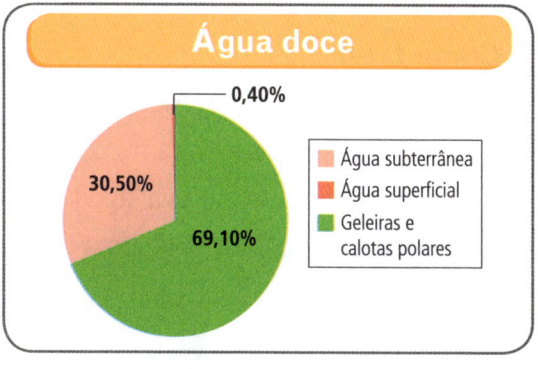

Água no planeta
- Água doce: 2,50%
- Água salgada: 97,50%

Água doce
- Água subterrânea: 30,50%
- Água superficial: 0,40%
- Geleiras e calotas polares: 69,10%

Fonte: <www.ceset.unicamp.br/~mariaacm/ST114/aguas.pdf>. Acesso em: 29 mar. 2015.

▶ Da quantidade total de água no planeta, 1,7% está na forma de geleiras e calotas polares, cerca de 0,75% é água subterrânea e menos de 0,01% é água superficial (rios e lagos).

A água é o **hábitat** de muitos seres vivos. É o ambiente onde vivem organismos como peixes, camarões, golfinhos, plantas aquáticas e algas marinhas, entre outros.

Muitos seres vivos necessitam da água para diversos fins.

Olho vivo!

A maior parte de nosso corpo é constituída de água, mas ela se perde de diversas maneiras. Por isso, temos de repor esse líquido no organismo ingerindo aproximadamente 2 litros de água por dia.

▶ Muitos seres vivos, como os peixes, têm seu hábitat na água.

▶ A água é essencial à higiene humana.

Na prática — Experimento

Objetivo

Compreender a proporção de água em nosso planeta.

Material:
- uma garrafa PET de 2 litros, sem rótulo, com tampa e cheia de água;
- um copo plástico graduado em mililitros;
- 3 etiquetas;
- conta-gotas.

Como fazer

1. Em uma das etiquetas escreva "água do planeta" e cole-a na garrafa.
2. Despeje a água da garrafa no copo graduado até atingir 60 mililitros.
3. Em outra etiqueta escreva "água doce do planeta" e cole-a no copo graduado.
4. Com o conta-gotas pegue uma gota de água do copo e coloque-a na tampa da garrafa.
5. Na outra etiqueta escreva "água doce disponível para consumo" e cole-a na tampa da garrafa.
6. Compare as quantidades de água nos recipientes.

1 Com base nos resultados, responda às questões a seguir.

a) O que chama a atenção ao se comparar a água do planeta com a água disponível para consumo?

_____
_____
_____

b) Se os 60 mililitros de água representam a água doce do planeta, o que representa a água na garrafa antes da retirada dos 60 mililitros?

_____
_____

c) Considerando que uma parte da água disponível para consumo está imprópria, qual é a importância de evitar o desperdício de água? Explique.

_____
_____
_____

O uso da água pelos seres humanos

Além de ser indispensável para manter o corpo humano saudável e em funcionamento, a água pode ser usada de outras formas, como mostram as imagens a seguir.

- Produção de energia nas usinas **hidrelétricas**.

> **Vocabulário**
>
> **Hidrelétrica:** usina que aproveita o movimento das águas para produzir energia elétrica.

▶ Usina Hidrelétrica de Itaipu, em Foz de Iguaçu, Paraná.

- Via de transporte de pessoas e objetos.

▶ Navio de cruzeiro.

- A água doce, quando tratada, torna-se potável, apropriada para consumo. Muitas cidades contam com reservatórios de água para o abastecimento.

▶ Rio Cuiabá, Cuiabá, Mato Grosso, 2013.

- Irrigação de plantações.

▶ Aspersor de água em produção orgânica de hortaliças. Maringá, Paraná, 2013.

- Criação de animais aquáticos, como peixes, ostras e camarões, entre outros.

▶ Fazenda marinha para cultivo de ostras e mariscos. Florianópolis, Santa Catarina, 2014.

- Muitas indústrias utilizam grandes quantidades de água para fabricar os produtos.

▶ Produção de indústria de papel.

Brincar e aprender

1. Nas páginas 217 a 222 do livro você encontra peças para montar um jogo da memória sobre a água e sua utilidade. Destaque as páginas, cole-as em uma folha de cartolina e recorte as peças. Depois, arrume-as sobre a carteira com a face desenhada virada para baixo. Teste sua memória procurando descobrir onde estão as duas peças iguais.

Baú de informações

Água mineral e água termal

Nem todas as fontes de água doce são iguais entre si. Há água doce aprisionada nas grandes geleiras, nas reservas subterrâneas, nos rios e nos lagos.

Além da água dos rios e lagos, encontramos na natureza também dois tipos de água doce, com características bem distintas: água mineral e água termal.

A água mineral vem de fontes naturais e tem um ou mais sais minerais em maior quantidade. É adequada ao consumo se for de fonte não contaminada ou poluída.

A água termal surge aquecida na superfície da Terra, porque entra em contato com rochas em regiões mais quentes do subsolo. Essa água pode ser usada em tratamentos de saúde.

▶ Fonte de água mineral no Bosque Gutierrez, Curitiba, Paraná, julho de 2011.

▶ Emerald Spring é uma fonte de água termal localizada no Parque Nacional de Yellowstone, Estados Unidos.

Pesquise uma fonte de água mineral e/ou termal, de preferência na região onde você mora, e levante as informações a seguir sobre ela:
- a localidade da fonte;
- as características da água;
- se houver exploração turística do local, pesquise se ela acontece de maneira equilibrada, respeitando a natureza.

Registre os resultados da pesquisa no caderno e conte, na sala de aula, o que descobriu aos colegas e ao professor.

Atividades

1 Observe as fotografias a seguir: elas retratam várias utilidades da água e a importância desse recurso para os seres vivos. Em parceria com um colega, responda às questões propostas.

▶ Peixes nadando sobre corais, no fundo mar. Mar de Andaman, Tailândia.

20 cm de comprimento

▶ Praia de Mucuripe, Fortaleza, Ceará, com pessoas se banhando e também praticando *stand up paddle*.

▶ A chalana é um tipo de embarcação usada nos rios pantaneiros.

▶ Vista geral da Hidrelétrica de Itaipu, Foz do Iguaçu, Paraná, 2010.

▶ Onça-pintada bebendo água.

2 m de comprimento

▶ Pessoa lavando louça.

a) Quais são as possíveis utilidades da água representadas nas fotografias?

_____

_____

87

b) Se a água de algum desses locais desaparecesse ou se tornasse inadequada para a vida, o que aconteceria com os seres vivos?

_____

_____

c) A água é essencial para a vida? Justifique.

_____

_____

2 Pinte os ⬜ que indicam as frases corretas.

a) ⬜ Nosso planeta tem muita água.

b) ⬜ Nem toda a água do planeta está disponível para ser consumida.

c) ⬜ Em nosso planeta há mais água própria para o consumo do que água imprópria para o consumo.

d) ⬜ A água é indispensável à vida.

3 Diferencie a água dos oceanos e mares da água dos rios e lagos.

_____

_____

4 Reservatórios de água, como os que compõem grandes sistemas de abastecimento, são resultado da obstrução de um rio em determinado ponto. Essa obstrução, chamada de barragem, impede a passagem da água que se acumula em certa região, provocando o alagamento de áreas que podem ser bastante extensas. Em geral, é preciso remover pessoas que habitam nelas para outras localidades, que podem ser bem distantes.

Faça uma pesquisa e escreva um texto com três vantagens e três desvantagens da construção de reservatórios.

_____

_____

_____

_____

_____

_____

Os estados físicos da água e suas mudanças

A água pode ser encontrada na natureza em três diferentes estados físicos: sólido, líquido e gasoso. Observe as fotografias.

▶ A neve, assim como o granizo, é um exemplo de água no estado sólido.

▶ A água da chuva é um exemplo de água em estado líquido, que também é encontrada em rios, mares, lagos etc.

▶ Na atmosfera, encontra-se água no estado de vapor, mas não podemos enxergá-la. Também há vapor de água no ar que expiramos dos pulmões na respiração.

Há diversas atividades cotidianas nas quais podemos observar mudanças de estado da água. Por exemplo, ao deixar o gelo fora da geladeira, percebemos que, com o passar do tempo, ele derrete, ou seja, passa do estado sólido para o líquido. A água, portanto, muda de um estado físico para outro, principalmente quando submetida a variações de temperatura. O cubo de gelo fora do congelador derrete porque a temperatura do ambiente é mais alta que a dele e provoca sua **fusão**, ou seja, mudança do estado sólido para o estado líquido.

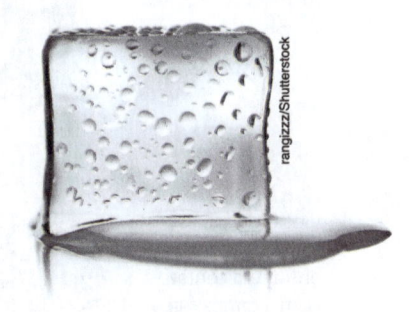

▶ O gelo fora do congelador derrete.

Quando colocamos água para congelar, ela passa do estado líquido para o estado sólido; dizemos que houve **solidificação**.

▶ Gelo é água no estado sólido.

Quando uma roupa está secando no varal, a água passa lentamente do estado líquido para o estado gasoso; nesse caso ocorreu **evaporação**.

▶ Quanto mais sol e vento houver no ambiente, mais rapido as roupas secarão.

Quando a água, no estado gasoso, entra em contato com uma superfície fria, passa para o estado líquido num processo chamado **condensação**, que pode ser percebido quando colocamos uma tampa sobre uma panela com água fervendo. A água líquida passa ao estado gasoso e, na superfície fria da tampa, volta ao estado líquido, formando gotinhas de água na tampa da panela.

▶ Gotas de água se formam após o vapor entrar em contato com a tampa fria.

Faça a atividade a seguir e compreenda melhor como essas mudanças podem ocorrer.

Na prática — Experimento

Objetivo
Observar a mudança de estado físico da água.

Material:
- um copo de vidro;
- água quente;
- um pires;
- quatro pedras de gelo.

Olho vivo!
Cuidado! Não mexa com água quente sem a supervisão de um adulto.

Como fazer
1. O professor encherá mais da metade do copo com água quente.
2. Cubra o copo com o pires.
3. Coloque o gelo sobre o pires e aguarde alguns segundos. Observe o que acontece na parede interna do copo e na superfície de baixo do pires.

1 Com base nos resultados, responda às questões a seguir no caderno.

a) O que você observou nas paredes do copo e embaixo do pires?

b) Por que isso aconteceu?

c) No experimento, pudemos observar a água em estados físicos diferentes. Quais são eles?

d) Observe a imagem ao lado. A fumaça que sai do ferro é água no estado líquido ou gasoso?

e) Com base na imagem ao lado, responda: Qual bebida está mais gelada? Explique.

◈ O ciclo da água

As mudanças de estado físico da água também podem ser observadas na natureza e fazem parte do ciclo da água. Observe a ilustração e leia as informações sobre esse processo.

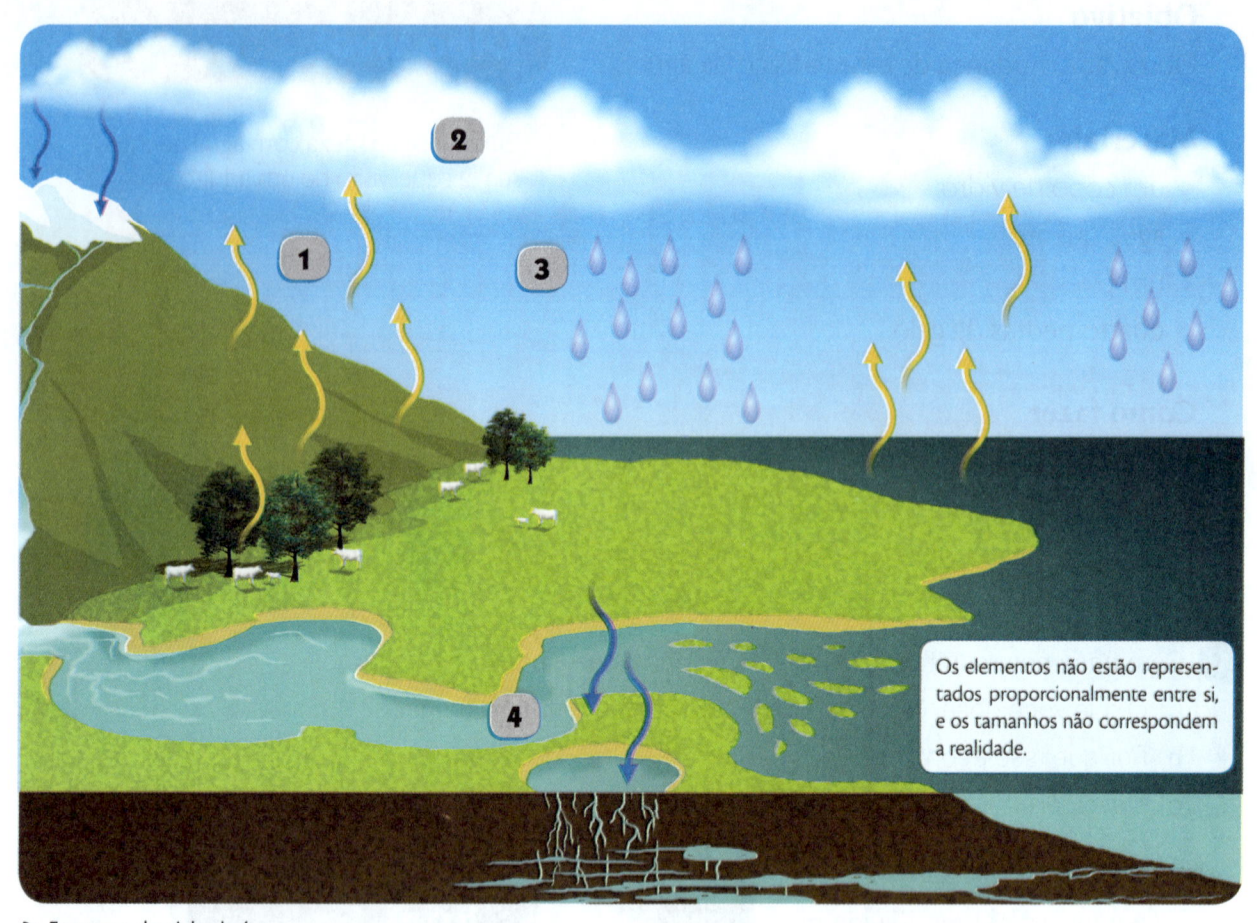

> Os elementos não estão representados proporcionalmente entre si, e os tamanhos não correspondem a realidade.

▶ Esquema do ciclo da água.

1. O calor do Sol provoca a evaporação da água de oceanos, mares, rios, poças e a transpiração dos animais, plantas etc.
2. O vapor de água se eleva e, ao encontrar o ar mais frio da atmosfera, sofre condensação, formando as nuvens.
3. Nas nuvens, as gotículas de água se acumulam e formam grandes volumes de água, caindo na superfície em forma de chuva.
4. Parte da água que chega até a superfície da Terra penetra no solo e forma águas subterrâneas; outra parte se junta aos rios, lagos, mares e oceanos. Pela ação do calor do Sol, parte dessa água evaporará novamente, repetindo o ciclo.

Em muitas regiões do planeta, as temperaturas baixas fazem com que a água das nuvens congele, transforme-se em cristais de gelo e caia em forma de flocos de neve. No Brasil, a ocorrência de neve é rara e se limita a alguns municípios do Sul do país, por exemplo, São Joaquim e Urupema, localizados no estado de Santa Catarina.

Na prática — Experimento

Objetivo
Verificar a evaporação da água.

Material:
- recipiente transparente, como uma embalagem plástica;
- água;
- fita adesiva fina.

Como fazer
1. Marque com a fita adesiva, na superfície externa do recipiente transparente, o volume de água a ser colocado nele.
2. Coloque água no interior do recipiente até a marca da fita adesiva.
3. Mantenha o recipiente destampado exposto ao Sol durante duas horas.

4. Após o recipiente ficar exposto ao Sol, verifique o nível de água.

1 Com base nos resultados, responda às questões a seguir.

a) O nível da água permaneceu igual após duas horas?

_____

b) O que foi possível perceber com esse experimento?

_____

c) Os resultados seriam os mesmos em um dia nublado, com pouca entrada de luz do Sol? Explique.

_____
_____

Baú de informações

Vaporização da água

Observe as fotografias a seguir.

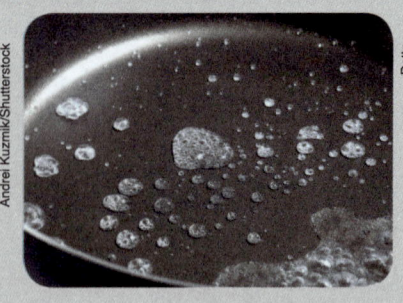

As imagens mostram a mesma mudança de estado físico da água do líquido para o gasoso: a vaporização. No entanto, ela acontece em situações e condições diferentes.

A roupa secando no varal representa a **evaporação**, como você já aprendeu.

Nos casos em que essa passagem é mais rápida – quando, por exemplo, comparamos a água evaporada das roupas no varal com a água fervendo de uma chaleira, que recebeu calor do fogo –, ela é denominada **ebulição**.

Quando gotas de água caem sobre uma chapa metálica superaquecida, elas passam rapidamente ao estado gasoso, de forma quase instantânea – neste caso temos a **calefação**.

Portanto, evaporação, ebulição e calefação são formas de **vaporização** da água.

1 O que é vaporização?

_____

2 Escreva outro exemplo de evaporação que você já percebeu no dia a dia.

_____

_____

_____

Para ir mais longe

Livro

▶ *Aventuras de uma gota-d'água*, de Samuel Murgel Branco. São Paulo: Moderna, 2011. Conta, de forma lúdica, como ocorre o ciclo da água na natureza, desde a formação das nuvens até o surgimento dos rios, além de abordar a importância da água e a questão da poluição.

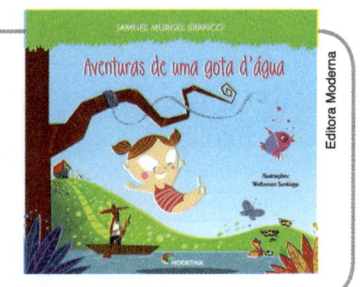

Atividades

1 Observe a história em quadrinhos a seguir e faça o que se pede.

a) Reconheça em quais quadrinhos a água aparece no estado:

- sólido – _____.
- líquido – _____.
- gasoso – _____.

b) Cite quais mudanças de estado físico da água podemos observar nos quadrinhos.

_____

c) Numere as frases de acordo com a ordem em que os acontecimentos aparecem na história em quadrinhos.

- ☐ A água líquida vinda do gelo se acumula numa poça.
- ☐ O gelo derrete por causa do calor do Sol.
- ☐ A nuvem escura se movimenta na atmosfera.
- ☐ A água na forma líquida evapora, condensa e forma nuvens.

2 Complete o diagrama de palavras com o nome das mudanças de estado físico da água.

1. Vaporização lenta que ocorre quando colocamos uma roupa para secar no varal.
2. Derretimento do gelo com o aumento da temperatura.
3. Formação do gelo no congelador.
4. Processo que ocorre quando o vapor de água vira líquido na tampa de uma panela.
5. Vaporização rápida e acelerada pelo fornecimento de calor, que ocorre em uma chaleira com água fervendo.
6. Vaporização quase instantânea, que ocorre com gotas de água em uma chapa superaquecida.

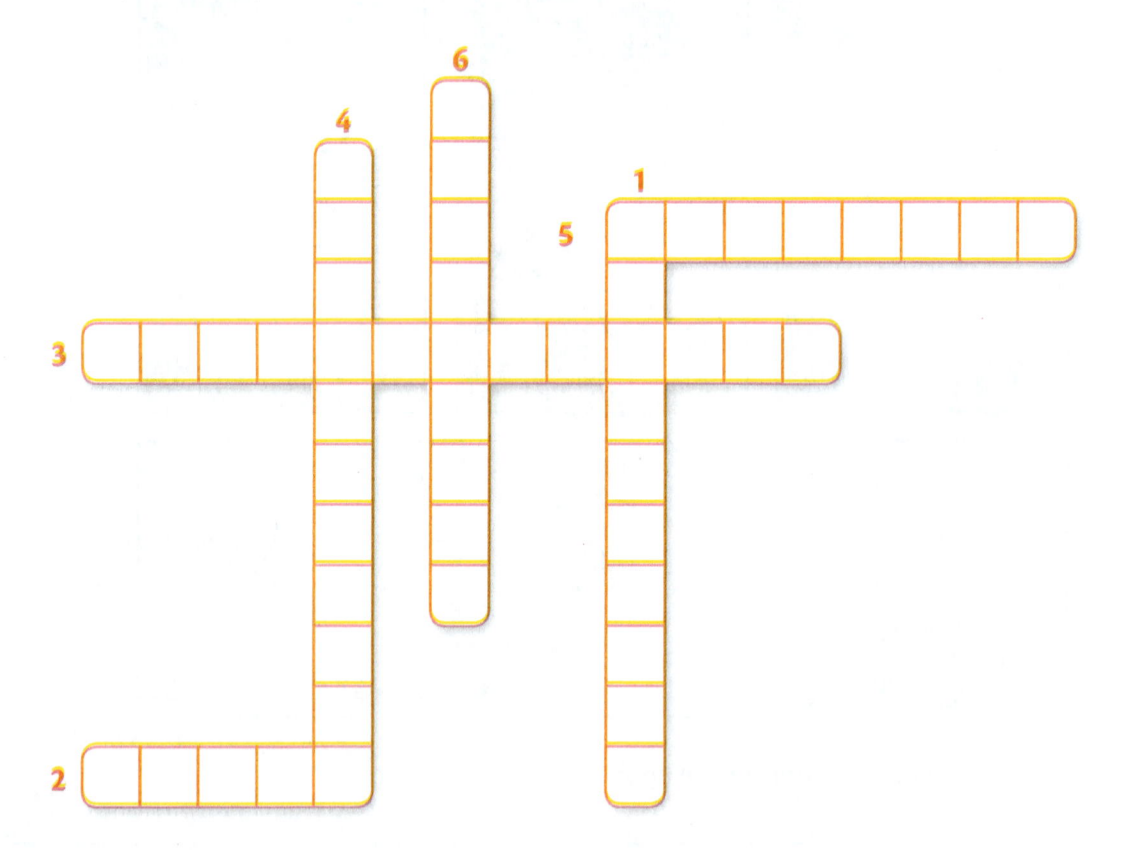

3 A neve deixa a paisagem bonita, toda enfeitada de branco, mas traz muitos problemas para o agricultor e, indiretamente, também para a população, porque aumenta o preço dos produtos hortifrutigranjeiros.

Responda oralmente: Que prejuízos a neve, a geada ou a chuva de granizo provocam nas plantações? Seriam elas as únicas alterações climáticas que prejudicam a produção agrícola?

Propriedades da água

A água apresenta certas propriedades, ou seja, características. Conheça a seguir algumas delas.

A água é um solvente universal

A água tem a capacidade de dissolver substâncias, sendo considerada um **solvente universal**. Essa propriedade significa que ela dissolve inúmeras substâncias, inclusive nutrientes no sangue, e as transporta pelo organismo humano e de outros animais. Nas plantas, essa propriedade possibilita que sais minerais sejam dissolvidos e transportados por suas diversas estruturas: raiz, caule, flores, sementes, frutos e folhas. Faça a experiência a seguir e observe essa propriedade da água.

Na prática — Experimento

Objetivo

Observar a capacidade da água em dissolver substâncias.

Material:

- uma jarra;
- uma colher;
- um litro de água;
- um pacote de refresco em pó.

Como fazer

1. Coloque a água na jarra.
2. Despeje o refresco em pó na água.
3. Misture com a colher.

1. Com base nos resultados da atividade, responda oralmente às questões a seguir.

   a) O que aconteceu com o refresco ao ser adicionado à água?

   b) O que aconteceu com a água?

◆ A água exerce pressão

Por ser constituída de matéria, a água tem massa e ocupa lugar no espaço. Além disso, ela exerce pressão sobre os corpos mergulhados nela. Quanto mais profundo um corpo estiver submerso, maior a quantidade de água sobre ele e, portanto, maior a **pressão** que ela exerce sobre esse corpo.

▶ No fundo do mar, a pressão é maior.

Na prática — Experimento

Objetivo
Observar que a água exerce pressão.

Olho vivo!
Peça a um adulto que fure a garrafa. Faça o experimento em uma pia ou em outro local que possa ser molhado.

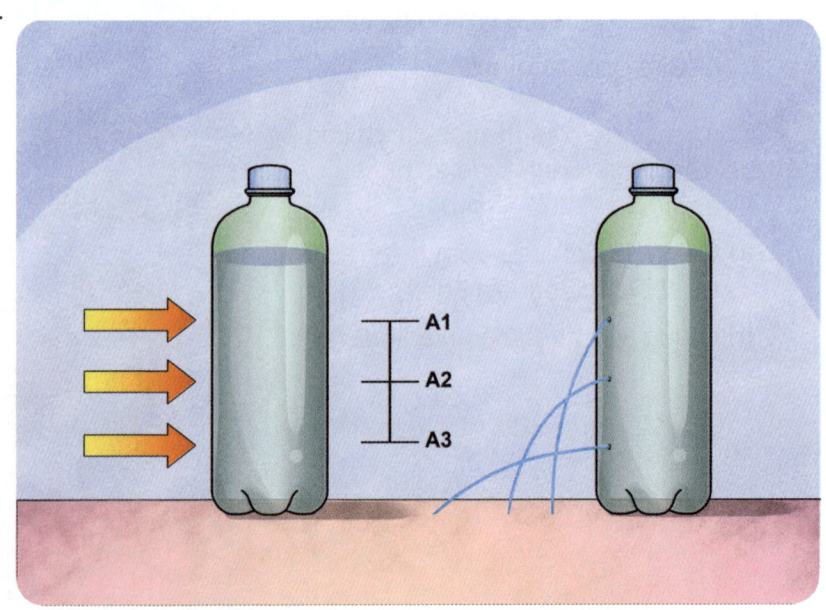

Material:
- uma garrafa PET de 2 litros;
- fita adesiva;
- água.

Como fazer
1. Peça a um adulto que faça três furos na garrafa. Eles devem ser feitos em alturas diferentes na mesma linha vertical, como mostra a figura.
2. Tampe cada furo com um pedaço de fita adesiva.
3. Encha a garrafa com água.
4. Coloque a garrafa sobre a pia e remova as fitas adesivas que cobrem os buracos, uma por vez.

1 Com base nos resultados da atividade, responda oralmente às questões a seguir.
   a) O que você percebeu?
   b) Por que há diferença na rapidez com que a água passa pelos furos de alturas diferentes?

◆ A tensão superficial da água

A superfície da água apresenta certa resistência capaz de sustentar objetos ou seres vivos leves, propriedade denominada **tensão superficial**, mantendo-os na superfície, sem afundar.

Na prática — Experimento

Objetivo

Observar a tensão superficial da água.

Material:

- copo cheio de água;
- clipe metálico;
- detergente.

Como fazer

1. Coloque o clipe metálico na posição horizontal sobre a superfície da água no copo.
2. Observe o que aconteceu.
3. Coloque gotas do detergente no canto do copo.
4. Observe o que acontece com o clipe.

1 Com base nos resultados da atividade, responda às questões a seguir.

a) O que aconteceu com o clipe ao ser colocado na posição horizontal sobre a água?

_____

b) O que aconteceu quando você colocou o detergente?

_____

c) Como você explicaria o resultado obtido? Peça a ajuda do professor para elaborar a resposta.

_____
_____

Atividades

1 Componha uma legenda para cada imagem relacionando-a com uma das propriedades da água descritas a seguir.

1. Capacidade da água de dissolver substâncias.
2. Capacidade da água em exercer força sobre os corpos mergulhados nela.
3. Resistência da superfície da água a objetos ou seres leves.

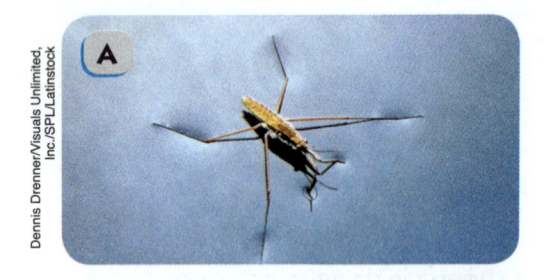

A _____
_____
_____
_____

B _____
_____
_____
_____

C _____
_____
_____
_____

2 Você já mergulhou em uma piscina, um lago ou em outro local e caiu de barriga? Doeu, não? Pensando nisso, responda às questões.

a) Qual é a característica da água que nos faz sentir dor ao mergulhar dando uma "barrigada"?

_____
_____

b) De que outra forma podemos observar essa característica da água?

_____
_____

Tratamento da água

A água usada por pessoas, outros animais, plantas e demais organismos vivos vem da natureza. Ela é retirada principalmente de rios, **açudes**, poços e águas subterrâneas. Excetuando a água de fontes naturais limpas, a água da natureza tem impurezas que necessitam ser retiradas antes do consumo para não prejudicar nossa saúde.

Muitas vezes a água parece limpa, mas pode conter microrganismos prejudiciais e outros causadores de doenças, por isso precisa ser purificada antes de ser consumida.

A água pode ser purificada por meio de filtração e fervura. A **filtração** elimina algumas impurezas, como areia e terra, mas não elimina algumas substâncias **tóxicas** nem certos microrganismos causadores de doenças. Além disso, para realmente purificar a água, os filtros devem ser lavados uma vez por semana ou sempre que necessário, com esponja limpa e água sanitária, e ser bem enxaguados.

> **Vocabulário**
>
> **Açude:** construção usada para represar água, comum nas regiões onde as chuvas são irregulares.
>
> **Tóxico:** perigoso, venenoso.

> **Olho vivo!**
>
> A filtração possibilita a retirada de impurezas sólidas da água, que ficam retidas no filtro.

▶ Filtro de barro.

▶ Água fervendo para eliminar microrganismos.

Entretanto, só a filtração não resolve o problema de impurezas da água. Também é necessário fervê-la antes do consumo, pois a **fervura** elimina os microrganismos.

Graças à tecnologia, a água pode ser tratada e ficar livre de impurezas, tornando-se própria para consumo. Entretanto, é necessário que as pessoas se conscientizem da importância de não poluir e não contaminar esse recurso natural indispensável para a vida.

Em muitos locais há estações de tratamento nas quais a água passa por várias etapas até se tornar adequada ao consumo humano, como mostra o esquema a seguir.

A água tratada fica armazenada nas caixas-d'água centrais, localizadas geralmente em uma região alta do local, e interligadas às caixas das residências por meio de canos.

Mas atenção: nas residências, o armazenamento é feito em caixas-d'água que devem ser cuidadosamente tampadas e limpas periodicamente para manter a boa qualidade da água.

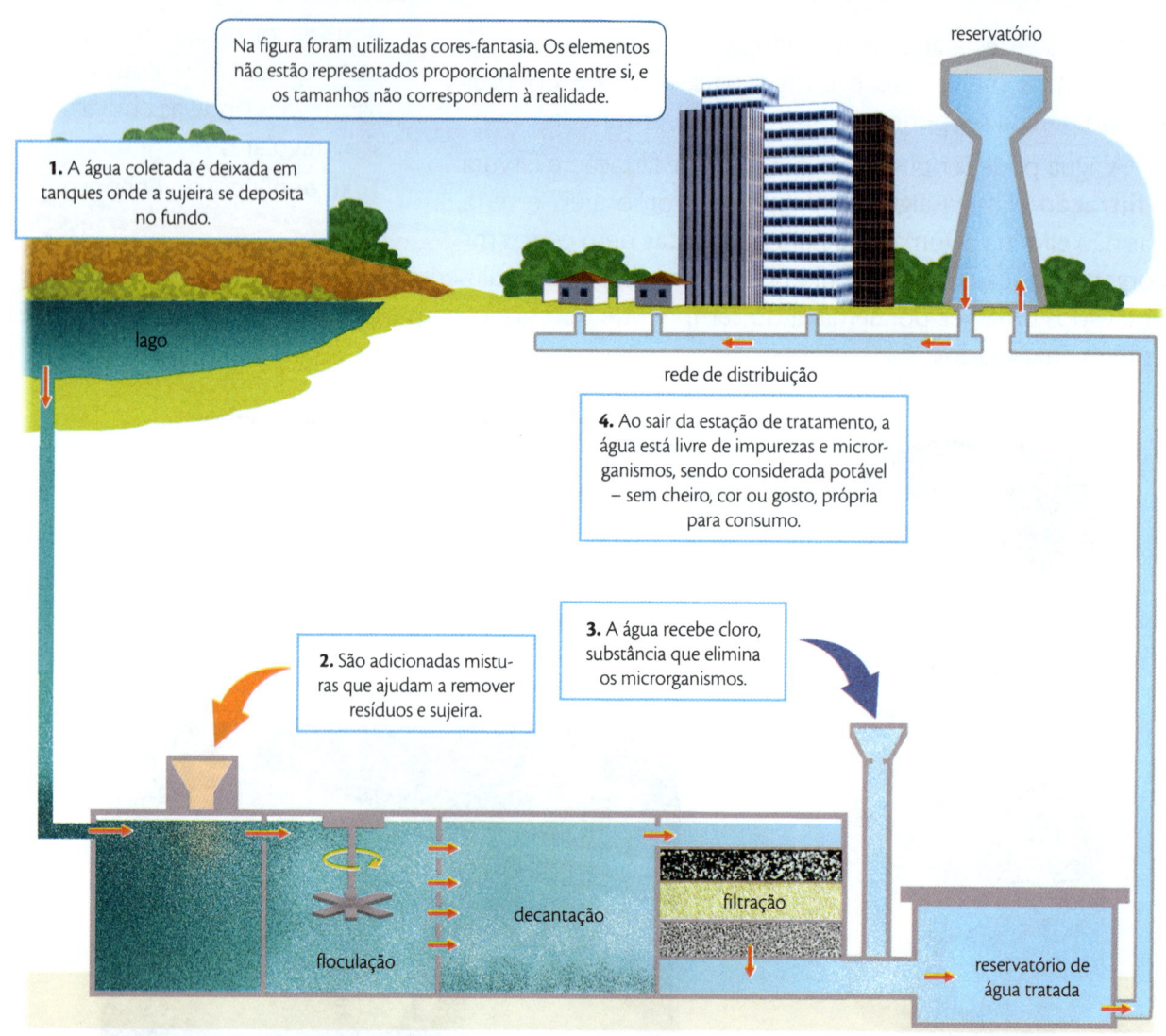

Na figura foram utilizadas cores-fantasia. Os elementos não estão representados proporcionalmente entre si, e os tamanhos não correspondem à realidade.

reservatório

1. A água coletada é deixada em tanques onde a sujeira se deposita no fundo.

lago

rede de distribuição

4. Ao sair da estação de tratamento, a água está livre de impurezas e microrganismos, sendo considerada potável – sem cheiro, cor ou gosto, própria para consumo.

2. São adicionadas misturas que ajudam a remover resíduos e sujeira.

3. A água recebe cloro, substância que elimina os microrganismos.

floculação

decantação

filtração

reservatório de água tratada

▶ Esquema de tratamento e distribuição da água.

Para ir mais longe

Visita

▶ **Museu da Água de Piracicaba.**
Rua XV de Novembro, 2200, Bairro Alto, Piracicaba, São Paulo.

Localizado na antiga estação de tratamento de água, o museu oferece instalações educativas, como a caixa-d'água em que o visitante pode ver quanta água consome ao lavar as mãos. Disponível em: <www.semaepiracicaba.sp.gov.br/?p=bXVzZXU=>.

◈ Saneamento básico

Saneamento básico é o conjunto de procedimentos que garante condições de higiene e saúde para a população, como água tratada e rede de distribuição de água, rede de coleta e tratamento de esgoto, e coleta e tratamento do lixo.

O esgoto é constituído de resíduos, como restos de comida, produtos químicos (por exemplo, detergentes), fezes, urina, entre outros, produzidos nas residências, indústrias, comércios etc. Se esses materiais forem despejados na natureza, em especial nos rios, poluirão e contaminarão o ambiente.

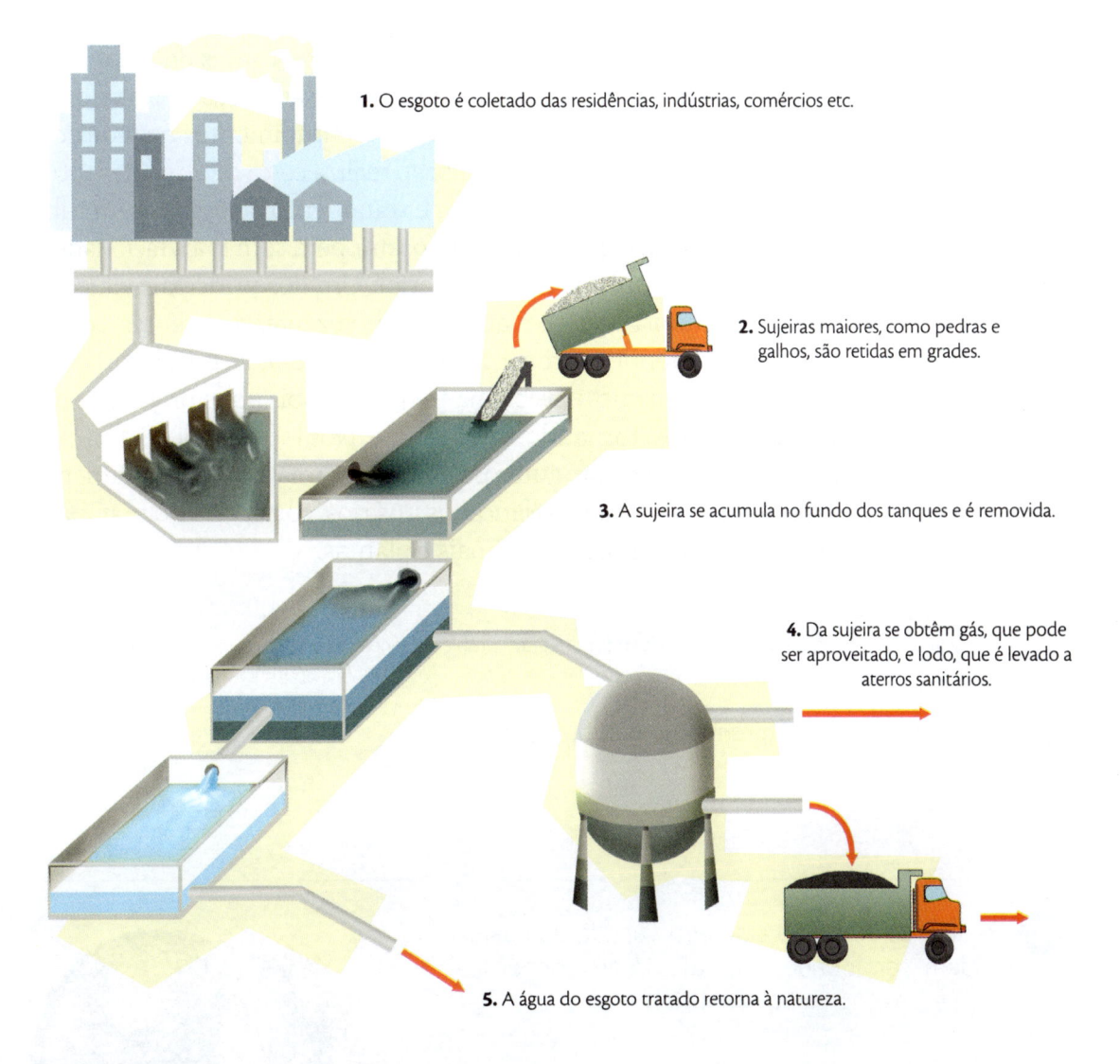

1. O esgoto é coletado das residências, indústrias, comércios etc.

2. Sujeiras maiores, como pedras e galhos, são retidas em grades.

3. A sujeira se acumula no fundo dos tanques e é removida.

4. Da sujeira se obtêm gás, que pode ser aproveitado, e lodo, que é levado a aterros sanitários.

5. A água do esgoto tratado retorna à natureza.

▶ Esquema de tratamento de esgoto. A rede de coleta e tratamento de esgoto evita contaminação e poluição do ambiente.

Em locais onde há rede de coleta e tratamento de esgoto, após ele ser coletado por um sistema de tubulações, é levado à estação de tratamento, onde passa por vários processos de purificação até retornar à natureza sem prejudicá-la.

Infelizmente, não há coleta e tratamento adequado de esgoto em todos os municípios brasileiros. Muitas pessoas ainda lançam o esgoto a céu aberto.

O mais aconselhável, na ausência de coleta de esgoto, é a construção, nas residências, de compartimentos onde o esgoto é despejado e se decompõe com o tempo – as fossas sépticas.

Baú de informações

E o ralo levou...
A infinidade de coisas jogadas nos ralos é um problema sério – e um dos maiores vilões é o fio dental

A falta de cuidados com o ambiente pode se voltar contra você. Essa afirmação pode parecer meio batida, mas é ainda mais verdadeira quando consideramos a infinidade de coisas que são jogadas no ralo das pias. Tem gente que não pensa duas vezes antes de atirar no ralo [...] restos de comida ou a poeira varrida da casa. Com o tempo, essas coisas se transformam em obstruções nos encanamentos, que podem provocar graves entupimentos na rede de esgotos ou em casa. No centro expandido de São Paulo, a Sabesp realiza cerca de 2 mil desentupimentos por mês. Isso acontece porque as redes de coleta e tratamento de esgoto têm tubulações mais estreitas que as galerias pluviais, nas ruas. Por isso, entopem com mais facilidade quando se acumulam restos de comida ou objetos no seu interior. Um dos principais vilões que descem pelos ralos é o fio dental. Fabricado com materiais cada vez mais resistentes, seu acúmulo acaba formando uma rede que prende outros materiais, obstruindo as tubulações. O excesso de produtos químicos de limpeza é outro problema frequente, pois pode prejudicar o próprio sistema de tratamento dos esgotos, tornando-o ineficiente. Nos locais onde não há tratamento de esgoto o descarte inadequado de produtos pelo ralo costuma agredir diretamente o ambiente. Isso porque os dejetos acabam sendo lançados nos rios, córregos e no mar, na maioria das vezes causando mau cheiro e a morte de animais e plantas.

[...]

E o ralo levou... A infinidade de coisas jogadas nos ralos é um problema sério – e um dos maiores vilões é o fio dental. André Mugiatti; Alexandre Versinassi/Abril Comunicações S.A.

1 Por que o fio dental prejudica as tubulações?

_____

_____

2 Restos de alimento e sujeira varrida da casa, podem ser jogados no ralo. Você concorda com essa afirmação? Justifique.

▶ Encanamento entupido por acúmulo de gordura.

Brincar e aprender

1 Convide um colega para jogar. Vocês precisarão de um dado e duas bolinhas de papel ou peões de cores diferentes. Tire par ou ímpar com ele para decidir quem começará o jogo. Ganha quem percorrer primeiro todo o caminho.

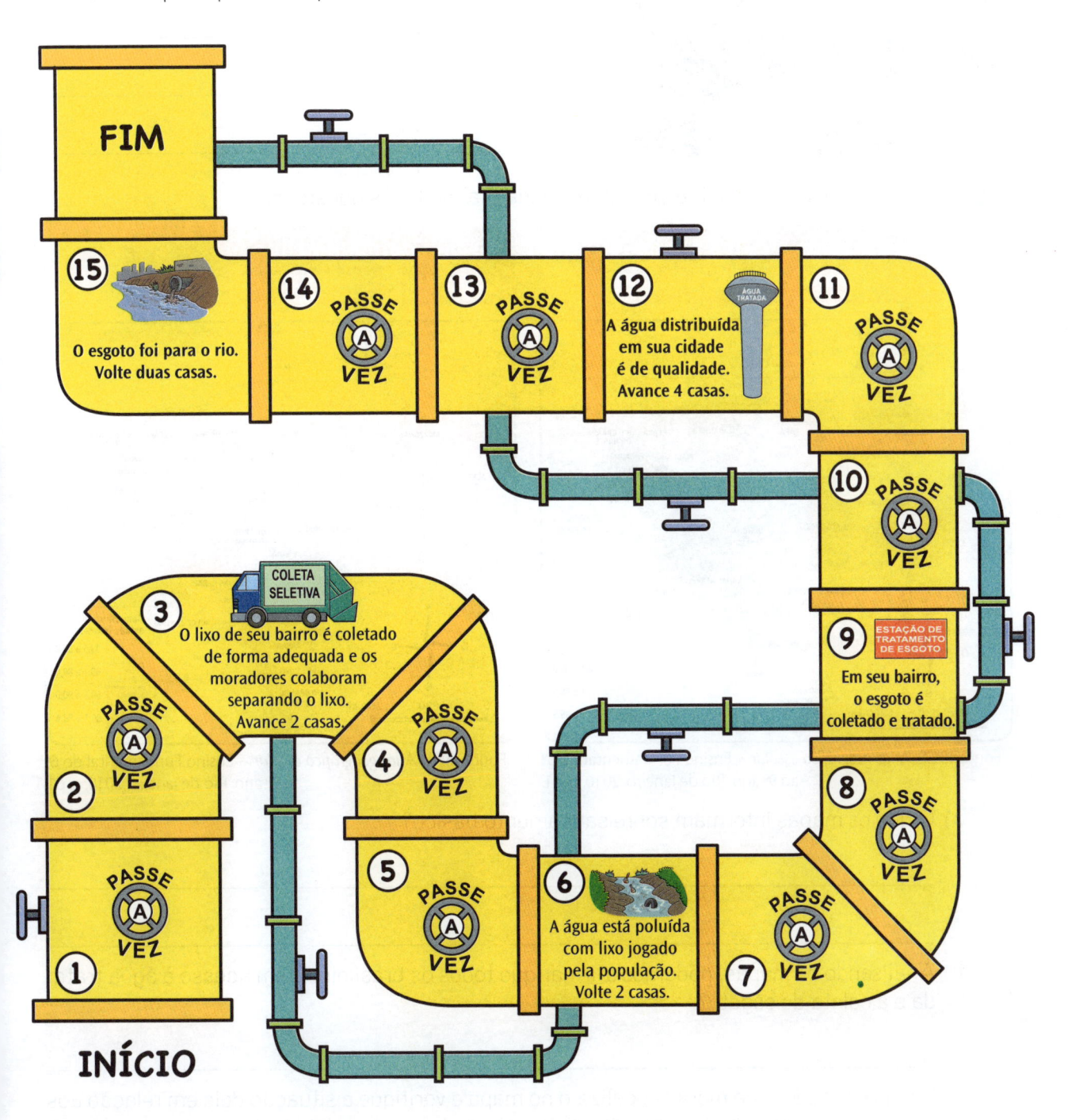

FIM

15 O esgoto foi para o rio. Volte duas casas.

14 PASSE A VEZ

13 PASSE A VEZ

12 A água distribuída em sua cidade é de qualidade. Avance 4 casas.

11 PASSE A VEZ

10 PASSE A VEZ

9 ESTAÇÃO DE TRATAMENTO DE ESGOTO — Em seu bairro, o esgoto é coletado e tratado.

8 PASSE A VEZ

7 PASSE A VEZ

6 A água está poluída com lixo jogado pela população. Volte 2 casas.

5 PASSE A VEZ

4 PASSE A VEZ

3 COLETA SELETIVA — O lixo de seu bairro é coletado de forma adequada e os moradores colaboram separando o lixo. Avance 2 casas.

2 PASSE A VEZ

1 PASSE A VEZ

INÍCIO

Atividades

1 Imagine que o cano da fotografia está despejando esgoto. Isso seria correto? Explique.

_____

_____

_____

_____

2 Observe os mapas a seguir e depois responda oralmente às questões.

Brasil: domicílios ligados à rede coletora de esgoto

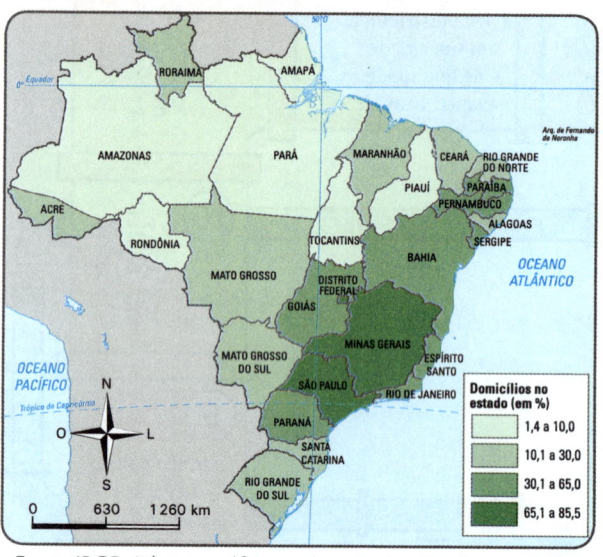

Domicílios no estado (em %)
- 1,4 a 10,0
- 10,1 a 30,0
- 30,1 a 65,0
- 65,1 a 85,5

Fonte: IBGE. *Atlas geográfico escolar* – Ensino Fundamental do 6º ao 9º ano. Rio de Janeiro, 2010. p. 61.

Brasil: domicílios ligados à rede geral de água tratada

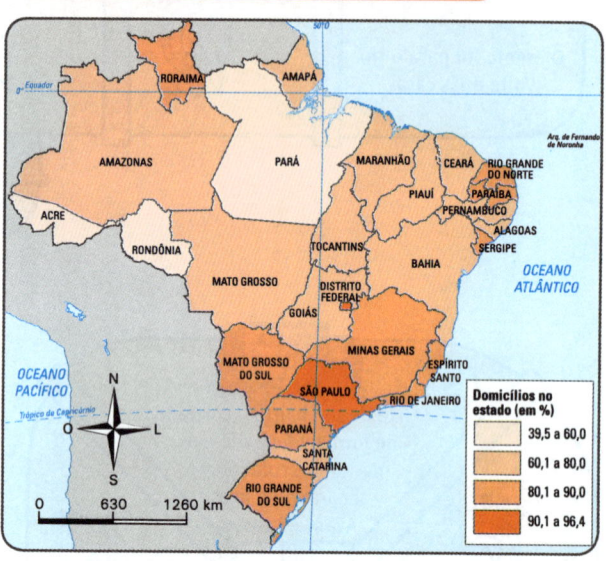

Domicílios no estado (em %)
- 39,5 a 60,0
- 60,1 a 80,0
- 80,1 a 90,0
- 90,1 a 96,4

Fonte: IBGE. *Atlas geográfico escolar* – Ensino Fundamental do 6º ao 9º ano. Rio de Janeiro, 2010. p. 61.

a) O que os mapas informam sobre saneamento básico?

_____

_____

b) Analisando os mapas, podemos afirmar que todos os brasileiros têm acesso à água tratada e à coleta de esgoto?

_____

c) Em qual estado você mora? Localize-o no mapa e verifique a situação dele em relação aos dois aspectos do saneamento básico: água tratada e rede coletora de esgoto.

_____

3 Copie as frases substituindo os desenhos por palavras.

a) A água usada pelas pessoas pode vir, principalmente, de [rios], [lagos] e lençóis freáticos.

_____

b) O uso de [filtro] e o hábito de [ferver a água] são atitudes que melhoram a qualidade da água que consumimos.

_____

_____

c) A [caixa d'água] precisa estar sempre limpa para manter a qualidade da água.

_____

4 Assinale com um **X** somente as imagens que fazem referência ao saneamento básico.

a)

b)

c)

d)

5 Resolva o diagrama de palavras.

1. Seres muito pequenos que podem estar presentes na água.

2. Possibilita eliminar impurezas da água, porém não elimina substâncias tóxicas.

3. Possibilita eliminar os microrganismos da água.

4. São retidos por meio da filtração.

5. Substância que elimina os microrganismos da água.

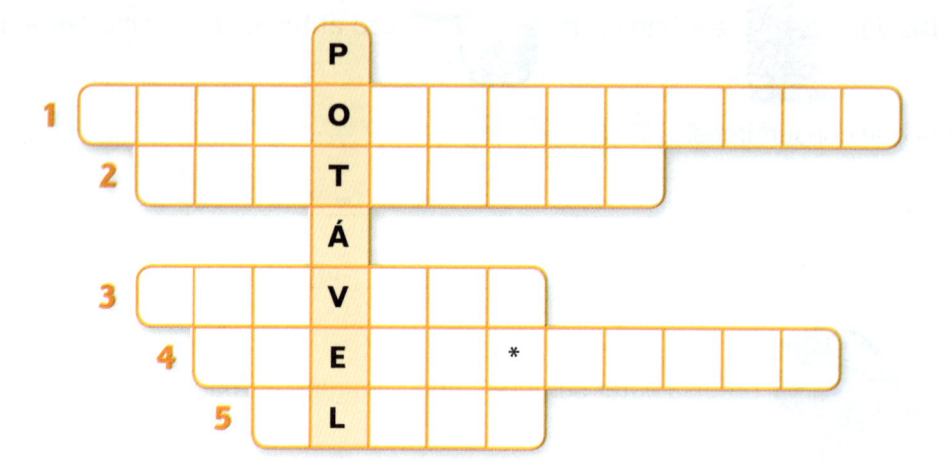

```
           P
1 _ _ _ _  O _ _ _ _ _ _ _ _
      2 _  T _ _ _ _
           Á
      3 _  V _ _ _
        4  E _ _ * _ _ _ _
         5 L _ _ _
```

6 Marque um **X** nas frases corretas.

a) ☐ O esgoto é constituído de materiais produzidos nas residências, na indústria, no comércio etc.

b) ☐ O esgoto apresenta restos de comida, produtos químicos, fezes, urina, entre outros materiais.

c) ☐ A água é tratada numa estação de tratamento de esgoto.

d) ☐ O esgoto pode poluir e contaminar a natureza.

e) ☐ O esgoto deve ser lançado nos rios.

f) ☐ Nos locais onde não existe rede de tratamento de esgoto podem-se usar fossas sépticas.

g) ☐ Todas as cidades têm coleta e tratamento de esgoto.

h) ☐ A água tratada fica armazenada em caixas-d'água centrais, e seguem para as caixas das residências por meio de canos. Nas residências as caixas-d'água ficam localizadas em posição mais alta que as caixas-d'água centrais.

Preservação da água

Como você viu anteriormente nosso planeta tem grande quantidade de água, mas a maior parte dela é salgada e não pode ser utilizada para o consumo das pessoas e de outros animais.

A parcela de água doce é bem menor do que a de água salgada e se encontra nos rios, lagos, geleiras e abaixo da superfície, em aquíferos e águas subterrâneas.

▶ As geleiras são grandes massas de gelo localizadas no alto das grandes montanhas e também nas extremidades do planeta – os polos Norte e Sul –, onde as temperaturas são muito baixas.

▶ As águas subterrâneas localizam-se no subsolo nas regiões onde há concentração de água devido à infiltração da água da chuva.

Na figura foram utilizadas cores-fantasia. Os elementos não estão representados proporcionalmente entre si, e os tamanhos não correspondem à realidade.

Valores e vivências

A água é um recurso natural essencial para a vida em nosso planeta e precisa ser muito bem cuidada para que não acabe.

Algumas atitudes sempre precisam ser lembradas quando se fala em preservação da água. Verifique-as.

- ◆ Não demore no banho e feche o chuveiro ao se ensaboar.
- ◆ Feche a torneira enquanto ensaboa as mãos, escova os dentes ou ensaboa a louça; e não deixe a torneira pingando.
- ◆ Ao observar um adulto gastando muita água para lavar a calçada ou o carro, converse com ele sobre como economizá-la, sugerindo que lave o carro com balde e reutilize a água da máquina de lavar roupas para limpar a calçada.

#NaRede

A situação da falta de água disponível para o consumo em vários locais do nosso país é um problema muito sério, pois dificulta bastante os cuidados com a higiene do corpo e do ambiente, como tomar banho, lavar louças e roupas.

Temos de lembrar, também, que a escassez de água pode gerar problemas na produção de energia elétrica. Isso ocorre porque a maior parte da energia que usamos em nosso país é produzida em usinas hidrelétricas. Nessas usinas, há um grande volume de água represada em posição mais alta. A queda dessa água aplica uma força sobre as turbinas (que se parecem com enormes cata-ventos) que é fundamental para produzir energia.

Assim, economizar energia elétrica é uma atitude muito inteligente.

Pesquise em *sites* e relacione no caderno seis dicas de como você pode economizar energia elétrica.

Veja a seguir indicações de *sites* que podem auxiliá-lo na pesquisa.

- 15 dicas práticas de como economizar energia elétrica em sua casa: <www.coletivoverde.com.br/dicas-economia-energia>. Traz dicas ilustradas de como economizar energia elétrica.
- Use a energia com inteligência: <www.aneel.gov.br/biblioteca/downloads/livros/Cartilha_use_energia.pdf>. Disponibiliza dicas ilustradas de como economizar energia elétrica.

Para ir mais longe

Livros

▶ *Por que economizar água?*, de Jen Green. São Paulo: Scipione, 2004. Ensina a importância de usar a água com inteligência, evitando o desperdício e preservando a natureza, em uma linguagem divertida e com ilustrações que complementam e auxiliam a compreensão do texto.

▶ *Uma fonte: a história da água na Terra*, de Rochelle Strauss. São Paulo: Melhoramentos, 2009. Toda a água da Terra está interligada. Portanto, só existe uma fonte, uma única fonte global da qual a água é tirada. A água dessa fonte, porém, está ameaçada pela população crescente, e suas necessidades estão cada vez maiores. O que é possível fazer para protegê-la? O livro responde a essa pergunta, enquanto conta a história da água na Terra.

Sites

▶ *Alô, escola.* <www2.tvcultura.com.br/aloescola/infantis/chuachuagua/jogos/flash.htm>. Traz vários jogos que têm como tema a água.

▶ *Fonte do Itororó.* <https://santosturismo.wordpress.com/category/fonte-do-itororo>. Texto histórico sobre a famosa Fonte de Santos, com particularidades, como a origem do nome, seus usos e ainda a música dedicada a ela.

Baú de informações

Reutilizando a água do banho

Chuveiro que reutiliza água no banho é capaz de economizar R$ 3 mil por ano.

[...] Uma empresa sueca criou um chuveiro capaz de economizar até 90% de água e 80% de energia, graças a uma tecnologia capaz de reciclar a água e, posteriormente, purificar o recurso – com qualidade até para ser ingerida.

O sistema utiliza bombas para levar a água que cai no ralo de volta para o chuveiro. [...]

EcoD, 11 fev. 2014. Disponível em: <www.ecodesenvolvimento.org/posts/2014/chuveiro-que=-reutiliza-agua-no-banho-e-capaz-de?tag-ciencia-e-tecnologia>. Acesso em: 17 maio 2014.

1 Você gasta muita água durante o banho?

_____

2 O que você pode fazer para diminuir o gasto de água no banho?

_____

3 Você acha que a invenção do chuveiro que reutiliza a água do banho pode ajudar a economizar água? Justifique.

_____
_____
_____

4 Como funciona o novo chuveiro?

_____
_____

Atividades

1) É comum ouvirmos que vai faltar água em um futuro próximo. Refletindo sobre o que você estudou a respeito da água responda às questões a seguir.

a) Qual é a mensagem transmitida pela charge?

_____

b) Que atitudes devem ser adotadas para evitar que falte água no futuro?

_____

c) Sabendo que a água passa por um ciclo em nosso planeta, você concorda com a afirmação de que ela acabará?

_____

2) Escreva uma dica de economia de água para cada fotografia a seguir.

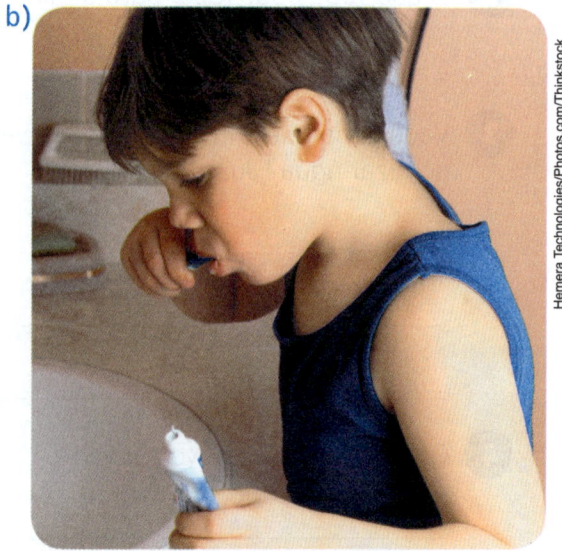

a)

b)

_____

3 Analise a ilustração, responda às questões e faça o que se pede.

> Este aí nunca ouviu falar de consumo consciente!
>
> Um dia ele vai aprender!

a) Qual é o tema da ilustração?

_____

b) Por que o menino afirma que o homem "nunca ouviu falar de consumo consciente"?

_____

c) Em sua opinião, o que a menina quer dizer com "Um dia ele vai aprender"?

_____

_____

d) Além do gasto de muita água com o uso de mangueira, a ilustração mostra outro tipo de desperdício também relacionado à água. Você sabe qual é? Explique.

_____

_____

_____

_____

_____

e) Elabore uma mensagem para esse homem sobre a atitude inadequada dele e sugira uma alternativa para lavar a calçada sem gastar tanta água.

_____

_____

_____

4 Leia o texto a seguir, observe a ilustração e depois faça o que se pede.

A água é um recurso mineral limitado; logo, após prepararmos um alimento, tomarmos banho ou lavarmos a louça, ela já não está mais com a mesma qualidade; assim, é preciso tratá-la para podermos usá-la novamente. Pensando nisso, especialistas procuram medir o quanto de água é necessário para fabricar um produto, cálculo chamado de **pegada hidrológica**. Por exemplo, para produzir batatas precisamos plantá-las, irrigar o campo, colhê-las etc. São muitas etapas e, em cada uma delas, mais água é usada, gerando um gasto de quase 900 litros de água para produzir 1 quilograma de batatas.

> **Vocabulário**
>
> **Pegada hidrológica:** medida da quantidade de água utilizada na fabricação de alguns produtos.

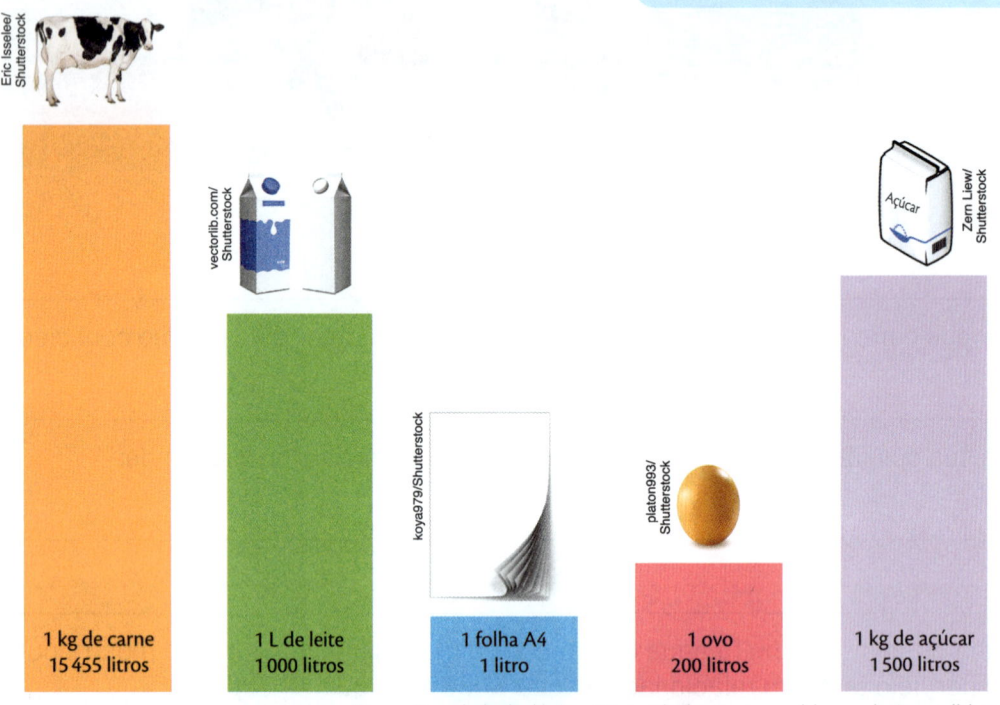

- 1 kg de carne — 15 455 litros
- 1 L de leite — 1 000 litros
- 1 folha A4 — 1 litro
- 1 ovo — 200 litros
- 1 kg de açúcar — 1 500 litros

Fonte: Pegada hidrológica. Disponível em: <www.bb.com.br/portalbb/page20,8501,8501,21,0,1,1.bb?codigoNoticia=28277>. Acesso em: 20 jun. 2014.

a) Qual produto utiliza mais água para ser fabricado?

_____

_____

b) Se uma folha de papel A4 gasta 1 litro de água para ser produzida, quantos litros serão utilizados para fabricar um pacote de 500 folhas? Você acha que é muita ou pouca água?

_____

_____

c) Pesquise em sua casa quanto de ovos, açúcar e leite são utilizados para fazer um bolo, por exemplo. Calcule quanto é gasto, indiretamente, de água para fazer esse bolo.

_____

Um pouco mais sobre...

A água é um bem precioso e pode ser encontrada nos mais variados locais do planeta. Leia o texto a seguir e conheça uma valiosa reserva de água subterrânea: o Aquífero Guarani.

Ouro branco

Durante séculos, o mundo olhou para as riquezas enterradas debaixo das matas brasileiras. Ouro, esmeraldas, pedras e metais ditaram o rumo da nossa História. No século 21, guardamos sob os nossos pés um tesouro ainda maior: água. O mais precioso bem da Humanidade encontrou nos subterrâneos do Brasil, Argentina, Uruguai e Paraguai o seu maior reservatório. Nas três fronteiras, o planeta água se mostra mais do que generoso, as águas de superfície e as águas subterrâneas formam um patrimônio de valor incalculável. Reservas naturais que os países do Mercosul sabem que têm de cuidar porque delas depende também o futuro da Humanidade. O Brasil é hoje o país mais rico do mundo em água. Só de rios são quase 56 mil quilômetros quadrados. Temos 12% de toda a água doce do planeta e 53% da América do Sul. Mas é subterrânea a reserva mais valiosa: o Aquífero Guarani. O reservatório tem proporções gigantescas: 1,2 milhão de quilômetros quadrados. Oito estados brasileiros e outros três países latino-americanos são os guardiões dessa imensa caixa-d'água enterrada. [...] Há mais ou menos 180 milhões de anos, ainda no tempo dos dinossauros, a região era um imenso deserto. Em um período entre 200 e 132 milhões de anos, o deserto – com área equivalente aos territórios da Inglaterra, França e Espanha juntos – sofreu uma grande transformação. O mar de areia virou um dos maiores reservatórios de água doce do mundo: o Aquífero Guarani. Mas não pense que existe um imenso lago debaixo da terra. O geólogo Eduardo Hindi explica que lá embaixo, encontraríamos pedras. A água ocupa o espaço entre os grãos de areia. O aquífero é uma rocha porosa com capacidade de absorver a água. [...]

Disponível em: <http://grep.globo.com/Globoreporter/0,19125,VGC0-2703-5013-1-80499,00.html>. Acesso em: 17 maio 2014.

1 Explique o que é o Aquífero Guarani.

_____

2 Podemos afirmar que o Aquífero Guarani é um lago subterrâneo de água? Justifique.

_____

3 Segundo o texto, por que o Brasil é considerado o país mais rico do mundo em água?

_____
_____

Revendo o que você aprendeu

1 A notícia a seguir apresenta algumas informações sobre a chegada do inverno no Rio Grande do Sul. Leia o texto com atenção e responda às questões propostas.

> [...] O frio deve se intensificar ainda mais em terras gaúchas. Existe a possibilidade de neve sobre o estado entre a noite de quarta e a madrugada de quinta-feira (7 de junho), principalmente para a região da Serra onde as mínimas devem alcançar -4 °C. [...]
>
> G1. Disponível em: <http://g1.globo.com/rs/rio-grande-do-sul/noticia/2012/06/em-mais-um-dia-gelado-rs-tem-minima-de-21c-em-vacaria.html>. Acesso em: 17 maio 2014.

a) Em qual estado físico da água se encontra a neve? Como é chamada a mudança de estado físico que ocorre para que a neve se forme?

___

b) Como ocorre essa mudança de estado físico associando-a com a temperatura? Explique.

___

c) O que faz a neve derreter? Como se chama a mudança de estado físico da neve quando ela derrete?

___

2 Observe a imagem e marque um **X** na resposta correta.

a) Esse é um exemplo de:

- ◯ água doce.
- ◯ água salgada.
- ◯ água mineral.

b) Esse é um exemplo de água no estado:

- ◯ gasoso.
- ◯ sólido.
- ◯ líquido.

c) Esse tipo de água é utilizado para:

- ◯ via de transporte e fonte de alimentos.
- ◯ produção de energia e higiene pessoal.

▶ Baía de Sancho em Fernado de Noronha, Pernambuco, 2009.

3 Complete as frases a seguir, sobre as propriedades da água, utilizando as palavras do quadro.

> força   profundidade   tensão superficial
> dissolver   pressão

a) A água tem a capacidade de _____ muitas substâncias, como o açúcar.

b) A água exerce uma _____ sobre os corpos mergulhados nela. Quanto maior a _____ da água, maior a _____ .

c) A superfície da água apresenta certa resistência capaz de sustentar objetos ou seres vivos leves, propriedade denominada _____ .

4 Qual é a diferença na qualidade da água após ser filtrada e fervida? Explique.

_____
_____
_____
_____

5 Qual é a importância do tratamento da água antes do consumo?

_____
_____
_____

6 Pinte as carinhas de acordo com a atitude correta ou errada em relação à água.

a) 😊 ☹️ Tomar banhos demorados.

b) 😊 ☹️ Fechar a torneira enquanto ensaboa a mão.

c) 😊 ☹️ Deixar a torneira pingando.

d) 😊 ☹️ Usar mangueira para tirar o pó das calçadas.

e) 😊 ☹️ Reutilizar a água.

f) 😊 ☹️ Usar balde em vez de mangueira para lavar carro e calçadas.

CAPÍTULO 6

Conhecendo o ar

Observe a imagem e discuta as questões a seguir.

Fabiano dos Santos

... ENTÃO, PAPAI, JÁ CHEGAMOS À CIVILIZAÇÃO?

www.fabianocartunista.com

Diálogo inicial

1. Quais são as principais causas da poluição do ar mostradas na imagem?
2. Cite duas características do ar.
3. Você precisa do ar para viver? Justifique.
4. Qual é a crítica presente na imagem?

◈ Onde está o ar?

O ar está ao nosso redor, formando a atmosfera. Ele é invisível aos nossos olhos, mas podemos sentir sua presença principalmente quando ele se movimenta e forma o vento. Observe algumas situações nas quais percebemos a existência do ar.

▶ O balão está cheio de ar quente.

▶ O ar pode ser muito útil para gerar energia elétrica ao girar as hélices das turbinas eólicas.

▶ Em fenômenos naturais, como o tornado, o ar se movimenta rapidamente, e sua força pode destruir construções.

▶ Algumas modalidades esportivas são praticadas na atmosfera, como o paraquedismo e o voo com asa-delta.

▶ Os ventos são aproveitados pelas aves e pelos insetos para se deslocarem na atmosfera terrestre.

A camada de ar que envolve o planeta é a atmosfera. Essa camada mantém a Terra aquecida e também ajuda a diminuir os **impactos** dos meteoroides, desintegrando-os.

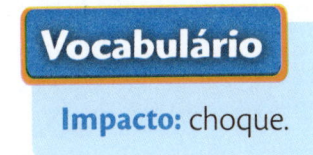

Vocabulário

Impacto: choque.

O ar é uma mistura de gases, e muitos deles são importantes para os seres vivos. O gás nitrogênio é o mais abundante na atmosfera. Algumas bactérias o aproveitam em suas funções, mas os animais não o absorvem pela inspiração; assim, o gás nitrogênio que entra nos pulmões dos seres humanos durante a inspiração é devolvido à atmosfera durante a expiração. A absorção do nitrogênio ocorre por meio da alimentação.

O gás oxigênio é o segundo mais abundante. Ele é essencial para a respiração da maioria dos seres vivos, como as plantas e os animais, e também é responsável pela **combustão**, ou seja, pela queima de materiais. Sem o gás oxigênio não é possível obter fogo e, por consequência, usar o fogão para preparar alimentos, por exemplo.

Mesmo debaixo da água, os seres aquáticos precisam de gás oxigênio para respirar.

O gás carbônico está presente no ar em quantidades mínimas e é muito importante para a manutenção da temperatura do planeta e para a produção de alimentos pelas plantas.

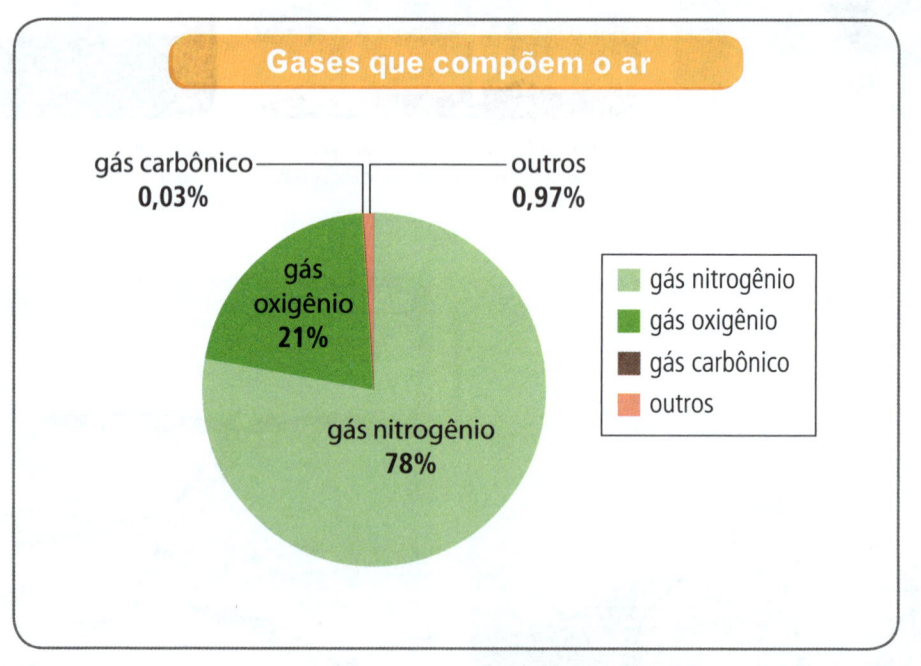

Gases que compõem o ar

- gás nitrogênio 78%
- gás oxigênio 21%
- gás carbônico 0,03%
- outros 0,97%

Fonte: <www.iag.usp.br/siae98/meteorologia/atmosfera.htm>. Acesso em: 16 maio 2015.

Além dos gases, também encontramos no ar outros elementos, como poeira, microrganismos e vapor de água. Quando o ar se movimenta, ocorre o **vento**.

A **atmosfera**, camada de ar que envolve todo o planeta e o mantém aquecido, é bem espessa, e mais da metade de seus gases ocupa os primeiros 11 quilômetros de altura a partir da superfície terrestre.

▶ Ao redor do planeta, a atmosfera forma uma camada azulada.

Na prática — Experimento

Faça os experimentos a seguir para comprovar a existência do ar.

Material:
- uma garrafa PET;
- uma bacia com água;
- um copo;
- um pedaço de papel.

Experimento 1
Como fazer

1. Coloque a garrafa com o gargalo para baixo, na vertical, dentro da bacia com água.

1 Com base nos resultados do experimento, responda às questões a seguir.

a) A água entrou na garrafa? Por que isso ocorreu?

_____

b) Agora, mantendo a garrafa na mesma posição, aperte-a. O que aconteceu?

_____

c) Por que isso ocorreu?

_____

Experimento 2
Como fazer

1. Amasse o papel e coloque-o no fundo do copo. Vire o copo de boca para baixo e coloque-o dentro da bacia com água. Tire-o na posição vertical. Observe como está o papel.
2. Agora coloque o copo novamente dentro da bacia e vire-o lentamente. Observe o que acontece.

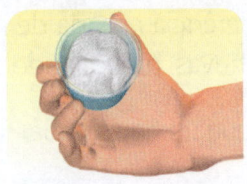

2 Com base nos resultados do experimento, responda às questões a seguir.

a) O que impediu que o papel ficasse molhado na primeira situação?

_____

b) O que saiu do copo quando você o virou dentro da água?

_____

c) Por que o papel ficou molhado quando você virou o copo?

_____

Baú de informações

Aquecimento global

O gás carbônico é importante para conservar a temperatura de nosso planeta. Ele é o principal gás do **efeito estufa**, um fenômeno natural resultante de gases presentes na atmosfera, que formam uma camada protetora que mantém a Terra com uma temperatura adequada, como em uma estufa de plantas.

Em uma estufa, os raios solares atravessam as paredes e o calor fica retido, facilitando o desenvolvimento das plantas. Na atmosfera ocorre algo parecido. Os raios solares chegam até o planeta e muitos atravessam a atmosfera; o calor gerado fica retido, mantendo a temperatura do planeta em equilíbrio.

Contudo, nos últimos anos, com o aumento da liberação de gases poluentes na atmosfera, originados do excesso de veículos em circulação, da fumaça das chaminés e das queimadas, o efeito estufa passou a ficar em desequilíbrio e a reter mais calor do que o normal, provocando um aumento na temperatura conhecido como **aquecimento global**.

O excesso de liberação de gases poluentes é, portanto, a principal causa do aquecimento global, e algumas de suas consequências são: derretimento das geleiras; aumento do nível dos oceanos; interferência na vida de muitos animais, como o urso-polar; alteração na quantidade e volume de chuvas, provocando secas e enchentes entre outros.

Na figura, foram utilizadas cores-fantasia. Os elementos não estão representados proporcionalmente entre si, e os tamanhos não correspondem à realidade.

1 Defina aquecimento global.

_____

2 Escreva **V** se a informação for verdadeira ou **F** se for falsa.

a) ☐ O aquecimento global provoca o efeito estufa.

b) ☐ A principal causa do aquecimento global é o excesso de gases poluentes liberados na atmosfera.

c) ☐ Duas consequências do aquecimento global são o derretimento das geleiras e o aumento do nível dos oceanos.

Valores e vivências

Para ajudar o planeta a voltar ao equilíbrio e diminuir a produção dos gases do efeito estufa, em especial o gás carbônico, você pode adotar algumas atitudes:

- prefira ir a pé ou de bicicleta a lugares próximos, se houver pista segura;
- converse com pessoas conhecidas sobre a troca do uso individual do carro por transporte coletivo;
- fale aos parentes que dirigem automóveis para utilizar combustíveis menos poluentes;
- alerte os parentes e vizinhos contra as queimadas;
- faça uma campanha na escola para que as fábricas do seu bairro ou da sua cidade coloquem filtros nas chaminés etc.

Atividades

1 Observe as fotografias e descreva a participação do ar em cada uma delas.

A
Science Photo Library/AFP

B
Alexandra Lande/Shutterstock

_____

_____

C
Mathew Hayward/Dreamstime.com

D
Pedro Antonio Salaverria Calahorra/Dreamstime.com

_____

_____

2 Analise o conteúdo e o gráfico da página 120 que representa os principais componentes do ar e observe as imagens. Crie uma legenda para cada imagem relacionando-a a um dos gases da atmosfera.

21%

78%

0,03%

21%

_____

_____

3 Leia o texto a seguir e responda às questões.

A maioria dos fogões tem gás de cozinha como fonte de energia. Esse gás queima com facilidade, por isso é usado para gerar a chama que usamos para preparar os alimentos. Entretanto, o fato de queimar facilmente pode representar um sério risco às residências. O vazamento do gás pelo esquecimento de uma boca do fogão aberta e a proximidade de objetos como panos de prato perto da chama, entre outros descuidos, podem originar um incêndio.

a) Qual gás presente no ar possibilita a combustão?

_____

b) Em sua casa, quais medidas de segurança são adotadas para prevenir acidentes com gás de cozinha?

_____

_____

Propriedades do ar

O ar tem propriedades que o caracterizam. Vamos conhecer algumas delas?

O ar ocupa lugar no espaço

As imagens ao lado mostram o mesmo objeto em dois momentos distintos: em uma situação o balão está vazio e pequeno; e, na outra, o mesmo balão está cheio de ar e maior. Isso indica que o ar ocupa lugar no espaço: ele inflou o balão e aumentou seu tamanho.

O ar não tem forma definida

Observe as fotografias da piscina inflável. O ar ocupa todo o espaço disponível; portanto, ao enchê-la de ar, ele adquire a forma da piscina, como mostram as imagens. Assim podemos dizer que o ar não tem forma definida e adquire a forma do local que o contém.

O ar tem massa

Assim como os objetos que nos cercam, o ar é composto de matéria e, como tudo o que é feito de matéria, ele tem **massa**. A massa do ar equivale à quantidade de matéria presente nele e pode ser medida por balanças.

O ar exerce pressão

A **pressão do ar** está presente em toda a atmosfera e aplica força sobre os corpos em diferentes direções. Na superfície terrestre, quanto maior a altura do local em que estamos (como o alto de uma montanha, por exemplo), menor é a pressão do ar.

Na prática — Experimento

Experimento 1

Objetivo

Verificar que o ar ocupa lugar no espaço.

Olho vivo!

Peça a um adulto para fazer o furo na garrafa.

Material:
- garrafa plástica vazia;
- balão de festas.

Como fazer

1. Primeiro, lave e seque a garrafa.
2. Coloque o balão quase todo dentro dela, mas segure a boca do balão fora da garrafa.
3. Assopre o balão sem deixar o ar da garrafa escapar. Registre no caderno o que você observou.

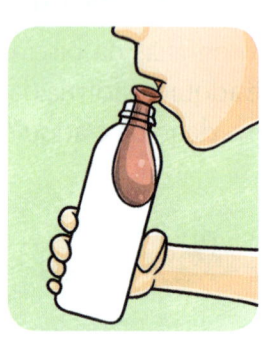

4. Agora, peça a um adulto que faça um furo na garrafa.
5. Assopre novamente o balão. Registre o que observou.

1 Com base nos resultados do experimento, responda à questão.

Por que houve resultados diferentes nas tentativas de encher o balão dentro da garrafa nas duas situações do experimento?

_____

_____

_____

Na prática — Experimento

Experimento 2

Objetivo

Verificar se o ar tem massa.

Material:

- uma vareta;
- pedaços de barbante;
- dois balões de borracha.

Como fazer

1. Encha dois balões, de modo que fiquem do mesmo tamanho.
2. Amarre os balões com pedaços de barbante e certifique-se de que tenham o mesmo comprimento.
3. Amarre um barbante em cada ponta da vareta.
4. Pendure a vareta pelo centro e equilibre os balões.
5. Estoure um dos balões.

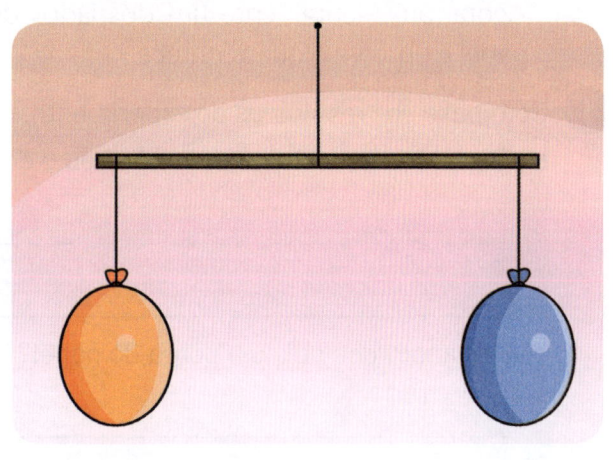

1 Com base nos resultados do experimento, responda às questões a seguir.

a) O que aconteceu com a vareta quando um dos balões foi estourado?

_____

b) Por que isso aconteceu?

_____

_____

Na prática — Experimento

Experimento 3

Objetivo

Observar que o ar exerce pressão.

Material:
- copo plástico duro, transparente, cheio de água;
- uma bacia;
- um pedaço de papel, não absorvente, que cubra a boca do copo.

Como fazer

1. Cubra o copo cheio de água com o papel.
2. Coloque a bacia embaixo.
3. Segure o copo com uma das mãos e o papel com a outra, sem pressioná-lo para dentro do copo.
4. Sem soltar as mãos, vire o copo de boca para baixo.
5. Solte a mão que segura o papel e observe o que acontece.
6. Agora, puxe lentamente um dos lados do papel e observe o que acontece.

1 Com base nos resultados do experimento, responda às questões.

a) O que aconteceu quando você virou o copo de boca para baixo?

_____

_____

b) E quando você puxou a ponta do papel?

_____

_____

c) Explique o resultado desse experimento.

_____

_____

_____

_____

◈ O ar pode ficar comprimido

Outra propriedade do ar é poder ocupar um espaço menor ao sofrer compressão e voltar a ocupar o espaço inicial quando cessa a força que o comprimiu. A capacidade do ar de ocupar um espaço menor é chamada **compressibilidade** – nessas condições, dizemos que o ar está **comprimido**. Sua capacidade de voltar a ocupar o espaço inicial ou mesmo ocupar um espaço ainda maior é chamada **elasticidade**.

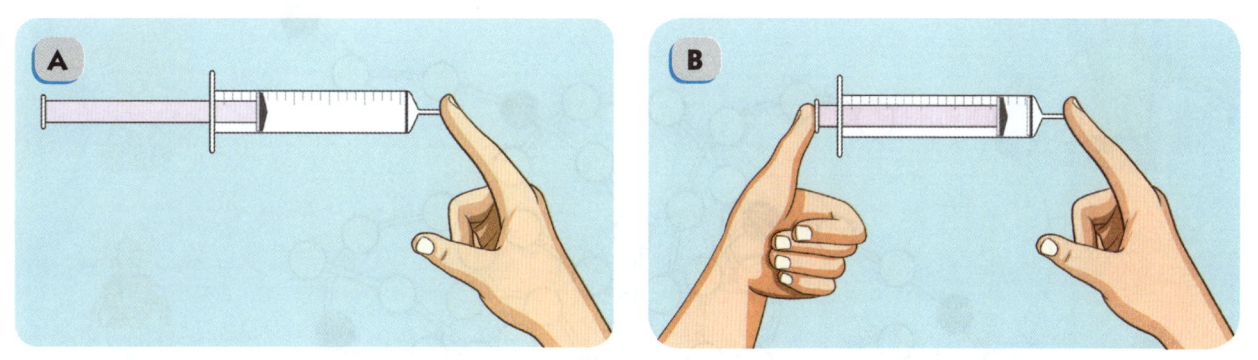

▶ Na primeira situação, o ar é aprisionado pelo dedo dentro da seringa. Ao empurrar o êmbolo para dentro da seringa, na situação seguinte, o ar torna-se comprimido.

Baú de informações

Quando há pouco ar em um espaço, dizemos que ele está **rarefeito**.

Quanto mais alto e acima do nível do mar estiver um local, mais **rarefeito** é o ar. É por isso que a quantidade de gás oxigênio disponível no topo de uma montanha é menor e os alpinistas necessitam de equipamentos especiais para permanecer nesse local. A disponibilidade de ar é menor por causa da **altitude**.

Vocabulário

Altitude: altura de determinado ponto comparado ao nível do mar.
Rarefeito: ar com pouca quantidade de gases.

▶ Alpinista caminhando na Cordilheira Blanca, cujos picos ultrapassam 6 mil metros de altitude. Peru, 2007.

Brincar e aprender

1 Complete o novelo de letras de acordo com as propriedades do ar.

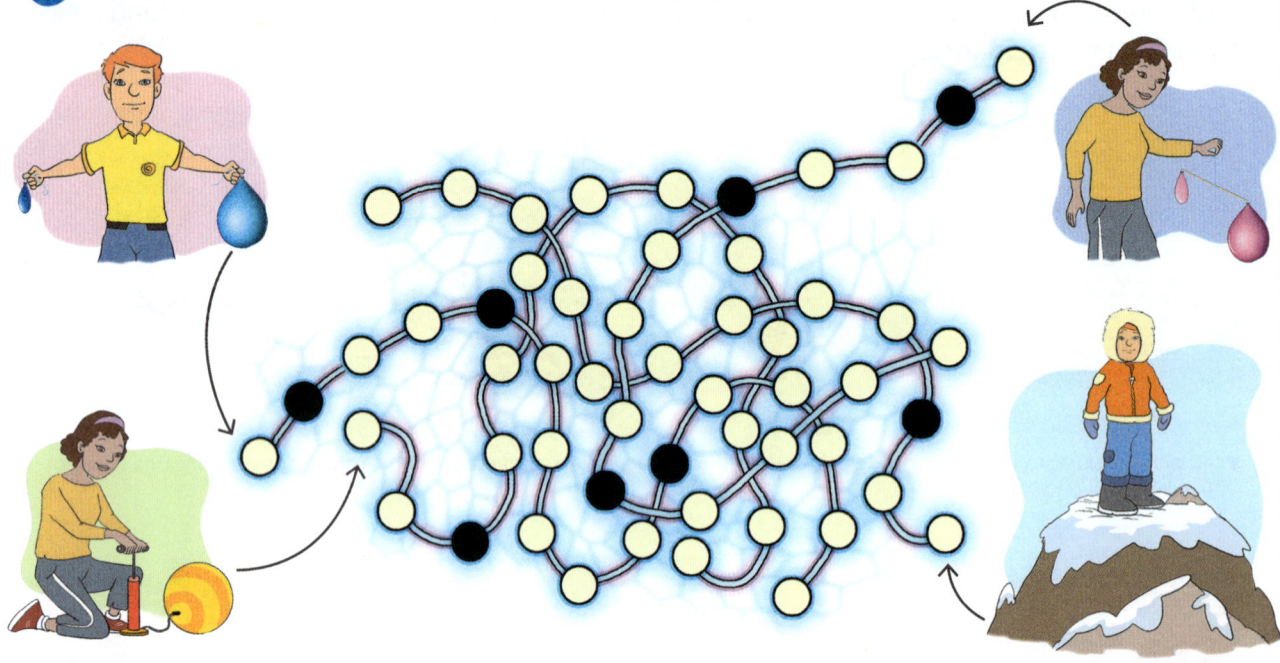

Atividades

1 Observe as imagens a seguir e faça o que se pede.

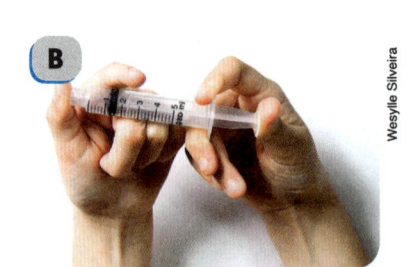

a) Qual é a diferença entre o conteúdo dos balões maiores e o dos menores?

_____

b) É possível empurrar o êmbolo da seringa até o fim? Por quê?

_____
_____

c) Cite duas propriedades do ar que possibilitam a situação mostrada na terceira imagem.

_____

2 Verifique na tabela a seguir as altitudes dos pontos culminantes, ou seja, das localidades de maior altitude do Brasil, da América do Sul e do planeta. Depois pesquise e complete a tabela com a localização de cada um desses picos.

Ponto culminante	Altitude	Localização
Brasil: Pico da Neblina	2 994 metros	
América do Sul: Monte Aconcágua	6 962 metros	
Planeta: Monte Everest	8 848 metros	

a) Os pontos culminantes têm altitudes diferentes. Explique como esse fato influi na pressão atmosférica.

_____

_____

3 O ar está presente na Terra em muitas situações diferentes, seja preenchendo espaços dentro de objetos, seja exercendo força sobre um corpo ao empurrá-lo. Observe a imagem a seguir e responda às questões.

a) O que está sendo movimentado pelo ar?

_____

b) O que está preenchido com ar?

_____

c) O ar também está presente no mar? Explique sua resposta e dê um exemplo.

_____

_____

O vento

Você já ficou na frente de um ventilador? Se ficou, provavelmente percebeu a presença do ar. Isso mesmo: ao mover as hélices, o ventilador faz o ar se movimentar mais rapidamente, formando o vento. Vento é o ar em movimento.

Mas como o vento se forma em nosso planeta? A formação do vento está relacionada ao aquecimento da superfície da Terra pelo Sol.

O Sol aquece a superfície da Terra aumentando a temperatura do chão, que, por sua vez, aquece a camada de ar próxima a ele. O ar aquecido tende a subir, e o ar mais frio desce, ocupando seu lugar. Esse fenômeno gera um movimento nas camadas de ar e, consequentemente, produz vento.

Na prática — Experimento

Objetivo

Verificar como o ar quente se comporta.

Olho vivo!

Tome cuidado com a ponta do palito de espetinho.

Material:

- palito de espetinho;
- barbante;
- dois sacos pequenos de papel;
- cola;
- tesoura sem ponta;
- abajur.

Como fazer

1. Corte dois pedaços de barbante do mesmo tamanho e amarre em cada uma das pontas do palito.
2. Cole a outra ponta do barbante na base de cada saco de papel, com a abertura virada para baixo.
3. Pendure a vareta de modo que ela fique equilibrada.
4. Coloque o abajur próximo à boca de um dos sacos e observe o que acontece.

1 Com base nos resultados do experimento, responda oralmente às questões.

a) O que aconteceu com o saco de papel que foi aquecido pelo abajur?

b) Explique o que aconteceu.

◈ A ação dos ventos

Observe as fotografias.

▶ Praia Jardim de Alah, Salvador, Bahia, 2013.

▶ Furacão Dennis atinge a costa da Flórida, Estados Unidos, 2005.

Quando os ventos se deslocam rapidamente podem causar danos às pessoas e à natureza, como destelhar casas e derrubar árvores. É o caso de certos fenômenos atmosféricos, como os furacões.

Por outro lado, a ação do vento também favorece a vida. Ele desloca a poluição presente em alguns ambientes, traz nuvens com chuva, espalha o pólen e as sementes das plantas.

Brincar e aprender

1 Que tal montar um cata-vento?

Material:
- uma folha de papel quadrada;
- lápis de cor;
- tesoura sem ponta;
- uma vareta.

Siga as orientações ao lado e, com a ajuda do professor, monte um cata-vento. Depois, divirta-se no pátio da escola fazendo-o funcionar. Observe seu cata-vento e os dos colegas, reflita e responda oralmente: De que forma o vento atuou para que os cata-ventos pudessem girar?

Atividades

1 Observe o esquema que representa a movimentação do ar na formação dos ventos.

a) Explique como se formam os ventos.

_____
_____
_____

2 Cite duas utilidades do vento.

_____
_____

3 Há diferentes tipos de vento. Quando fracos e constantes, são chamados de brisa. As brisas podem ser marítimas e terrestres. Observe as imagens e depois responda o que diferencia a brisa terrestre da marítima.

▶ Brisa marítima.

▶ Brisa terrestre.

_____
_____
_____

4 Como podemos explicar o fato de os balões subirem em direção ao céu?

_____

_____

5 Leia o trecho da reportagem e depois faça o que se pede.

> Tornados são os mais violentos fenômenos climáticos do mundo. Muito menores e breves do que os furacões, eles podem, no entanto, ter ventos mais velozes e poder destrutivo localizado significativamente maior. [...]
>
> Um tornado é basicamente uma coluna de ar em rotação feroz ao redor de um eixo central, um imenso pião de vento. A maioria oscila entre 100 m e 1 km de diâmetro. [...]
>
> A maioria dos tornados é preta devido à poeira que eles sugam da terra. Solos argilosos podem deixar um tornado vermelho. Tornados são brancos quando têm muito vapor-d'água condensado. [...]
>
> Os tornados geram os ventos mais velozes da face da Terra. [...]
>
> Ana Lucia Azevedo. O que são tornados. *O Globo*, 21 maio 2013. Disponível em: <http://oglobo.globo.com/mundo/o-que-sao-tornados-8451700>. Acesso em: 16 maio 2015.

a) Como são definidos os tornados?

_____

_____

b) Qual é a diferença entre tornados e furacões?

_____

_____

c) Pesquise os tornados e furacões que surgiram recentemente no planeta. Traga informações e imagens para a sala de aula e, junto com os colegas, organizem um mural. Não se esqueçam de abordar as características principais de cada fenômeno, os locais onde ocorreram e as consequências, entre outros aspectos. Registre as informações no espaço a seguir.

_____

_____

_____

_____

Poluição do ar

O ar é essencial à vida. No entanto, a poluição compromete esse importante recurso: o excesso de veículos em circulação, as queimadas, a fumaça que sai das chaminés das indústrias e a queima de lixo doméstico poluem o ar.

Além de afetar a saúde da população, especialmente a das crianças, dos idosos e das pessoas com doenças respiratórias, a poluição também reduz a qualidade do solo e das águas. Um exemplo de como isso ocorre é quando os poluentes presentes no ar são levados de volta ao solo pelas chuvas, danificando as construções.

▶ Pessoa usando máscara em um dia de poluição severa. Pequim, China, 2013.

Na prática — Experimento

Objetivo
Verificar se há poluentes no ar.

Material:
- 5 pedaços de papel-filtro (como o papel usado em coadores de café);
- óleo de cozinha;
- lupa;
- lápis;
- fita adesiva;
- um saco plástico.

Como fazer

1. Escreva a lápis, em quatro dos cinco pedaços de papel-filtro, o nome de um local no qual você pretende verificar se há poluentes (por exemplo: sala de aula, quadra de esportes, parquinho, lanchonete, pátio etc.).
2. Coloque um pouco de óleo nos quatro pedaços de papel-filtro identificados no passo anterior. Mas não exagere, coloque apenas um pouco, sem encharcá-los.

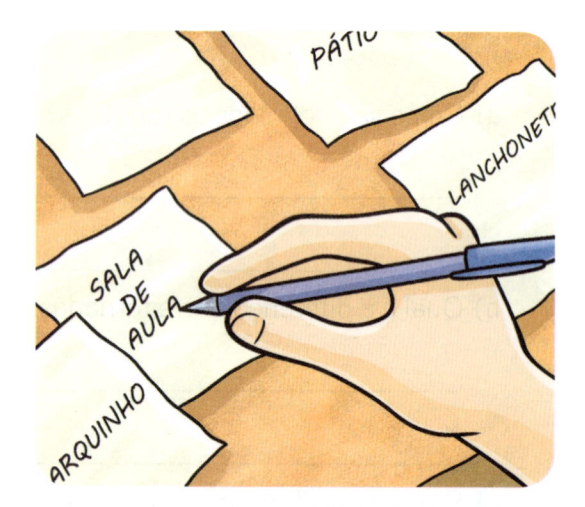

3. Coloque o quinto pedaço de papel-filtro em um saco plástico transparente, fechado, e deixe-o pendurado na sala de aula.

4. Posicione os pedaços de papel-filtro nos locais escolhidos.

5. Após dois dias, colete os papéis e observe-os com atenção.

1 Com base nos resultados do experimento, responda às questões.

a) O que você percebeu ao comparar os papéis?

_____
_____
_____

b) Em qual local houve mais poluição? Como você percebeu isso?

_____
_____
_____
_____

c) Cite duas atitudes que ajudam a diminuir a poluição.

_____
_____
_____

Para ir mais longe

Livro
- *A poluição atmosférica*, de Neide Simões de Mattos. São Paulo: FTD, 2000. A história da poluição atmosférica e seus efeitos sobre os seres vivos. No final é proposta uma reflexão sobre as soluções para esse problema ambiental.

Site
- *Mudanças climáticas*. <http://7a12.ibge.gov.br/especiais/mudancas-climaticas>. Traz história e animação sobre mudanças climáticas e discute o papel de cada pessoa na preservação da qualidade do ar.

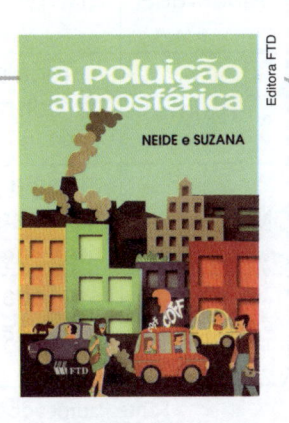

Baú de informações

A poluição do ar e a saúde

Na América Latina encontram-se algumas das metrópoles mais poluídas do mundo: Santiago do Chile, Cidade do México e São Paulo. O problema tem reflexos diretos sobre a saúde da população: alergias, irritação nos olhos, coceira na garganta, tosse, além de problemas mais graves, como doenças respiratórias e até cardiovasculares.

Embora a medicina ainda não tenha esclarecido muitos dos mecanismos pelos quais as substâncias tóxicas presentes no ar afetam o organismo, várias pesquisas científicas na área de saúde pública já demonstraram que a incidência de problemas respiratórios e cardiovasculares e até de mortes aumenta quando os índices de poluição chegam a patamares elevados.

[...]

Segundo especialistas, a redução das emissões traria benefícios imediatos à saúde da população: só nos Estados Unidos, isso poderia evitar 18 700 mortes e 3 milhões de faltas ao trabalho por ano. Se nada for feito, segundo estimativa da Organização Mundial de Saúde, até o ano 2020 a poluição deverá matar 8 milhões de pessoas em todo o mundo.

BRASIL. *Consumo sustentável: manual de educação.* Brasília: Consumers International; MMA; MEC; Idec, 2005. Disponível em: <www.mma.gov.br/estruturas/educamb/_arquivos/consumo_sustentavel.pdf>. Acesso em: 20 maio 2015.

1 Responda no caderno.

a) Há relação direta entre o aumento da poluição do ar e dos problemas de saúde? Justifique.

b) Pesquise a qualidade do ar que prevaleceu em sua cidade no mês passado e verifique a tabela a seguir. Há riscos para a população de sua cidade? Quais? O que você pode fazer para reduzir a poluição do ar?

Qualidade do ar	Significado
Boa	
Moderada	Pessoas de grupos sensíveis (crianças, idosos e pessoas com doenças respiratórias e cardíacas) podem apresentar sintomas como tosse seca e cansaço. A população, em geral, não é afetada.
Ruim	Toda a população pode apresentar sintomas como tosse seca, cansaço, ardor nos olhos, nariz e garganta. Pessoas de grupos sensíveis [...] podem apresentar efeitos mais sérios na saúde.
Muito ruim	Toda a população pode apresentar agravamento dos sintomas como tosse seca, cansaço, ardor nos olhos, nariz e garganta e ainda falta de ar e respiração ofegante. Efeitos ainda mais graves à saúde de grupos sensíveis.
Péssima	Toda a população pode apresentar sérios riscos de manifestações de doenças respiratórias e cardiovasculares. Aumento de mortes prematuras em pessoas de grupos sensíveis.

Fonte: Padrões de Qualidade do Ar. *Cetesb.* Disponível em: <http://ar.cetesb.sp.gov.br/padroes-de-qualidade-do-ar>. Acesso em: 20 maio 2015.

Atividades

1 Analise o cartum e responda às questões propostas a seguir.

Homem linha — Fabiano dos Santos
www.fabianocartunista.com

a) Que problema ambiental está representado no cartum?
_____

b) O que está causando o problema ambiental apresentado no cartum?
_____

c) Qual é a mensagem que o artista transmite no cartum?
_____
_____

d) Você conhece outros elementos que causam esse problema ambiental?
_____
_____

e) Observando a atitude do personagem, você diria que as pessoas devem contribuir para reduzir a poluição em nosso planeta?
_____
_____
_____

2 Somos todos cidadãos e, por isso, devemos contribuir para melhorar a cidade em que vivemos. A poluição é um problema grave que afeta a todos nós, mas há várias maneiras de reduzi-la. Ser cidadão é cumprir os deveres e também reivindicar os direitos. Todos têm direito a um ambiente saudável e livre de poluentes.

Explique como cada ação representada nas imagens a seguir contribui para a boa qualidade do ar.

a)

b)

c)

d)

Um pouco mais sobre...

Você já ouviu falar em chuva ácida? Ela é consequência da poluição atmosférica e deixa suas marcas nas florestas, nos rios e também nas cidades, onde corrói monumentos e edifícios. Leia o texto a seguir para obter mais informações.

Chuva ácida: um dos fatores para o desequilíbrio ambiental

A água liberada em forma de vapor vai para a atmosfera, ao atingir certa altura o vapor de água sofre condensação devido à temperatura mais baixa, agora em estado líquido, pode retornar à terra sob forma de chuva, uma parte infiltra no solo, sendo aproveitada por plantas e outros seres ou acumula-se em rios e oceanos. Poluentes lançados no ar por indústrias e automóveis, como o dióxido de enxofre, reagem com a água e provocam a chuva ácida, frequentemente em áreas urbanas, no entanto, com a movimentação das massas de ar, ocorrem em ambientes preservados de florestas e outros ecossistemas, alterando o pH do solo, aumentando a acidez e impedindo o desenvolvimento de sementes e plantas. A acidez na água provoca a morte dos organismos e os animais que se alimentam deles. E os peixes vão morrendo à medida que a água fica mais ácida, gerando um grande desequilíbrio ambiental, causado pela queima de combustíveis fósseis, como o carvão e o petróleo, uma atividade humana que, sendo reduzida, pode minimizar as consequências no meio ambiente.

Monalisa da Silva Araujo, Ohanna Ferreira da Silva e Rozanda Guedes. Chuva ácida: um dos fatores para o desequilíbrio ambiental. *Saúde & Ambiente em Revista*, Duque de Caxias: Unigranrio, v. 4, n. 2, 2009. Disponível em:<http://publicacoes.unigranrio.edu.br/index.php/sare/article/view/822>. Acesso em: 15 maio 2015.

1 Quais são as principais causas da chuva ácida?
_____
_____

2 Quais são as consequências da chuva ácida?
_____
_____
_____

3 Que medida é importante para evitar a chuva ácida?
_____
_____

Revendo o que você aprendeu

1 Defina atmosfera e liste três fatores que justificam sua importância.

_____
_____
_____
_____
_____

2 Ligue cada gás da atmosfera a suas características.

a) gás nitrogênio

b) gás oxigênio

c) gás carbônico

◆ Gás mais abundante no ar.
◆ Importante no efeito estufa.
◆ Absorvido pelas plantas na fotossíntese.
◆ Absorvido pelos seres humanos na respiração.
◆ É absorvido por certas bactérias.
◆ Sem ele não há fogo.

3 Cite dois motivos pelos quais o vento é importante.

_____
_____

4 Observe a ilustração a seguir, responda às questões e faça o que se pede.

a) Qual é a propriedade do ar que explica a situação representada?

_____
_____

b) Cite outras propriedades do ar.

_____

_____

5 O que é vento? Cite duas situações em que ele está presente na vida dos seres humanos.

_____

_____

_____

_____

6 Cite duas atitudes que possibilitam reduzir a poluição do ar.

_____

_____

_____

7 Observe atentamente as imagens e depois escreva um parágrafo explicando a importância do ar e dos gases que o compõem para os seres vivos.

_____

_____

_____

CAPÍTULO 7
Ambientes da Terra e sustentabilidade

O planeta Terra tem ambientes diversificados. Alguns locais são ricos em vegetação e em variedade de animais; outros são abundantes em água; já outros têm escassez de água.

Analise as imagens a seguir e, com um colega, discutam e respondam às questões propostas.

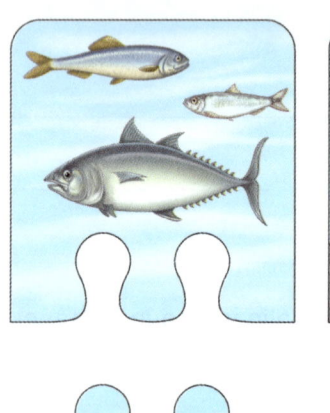

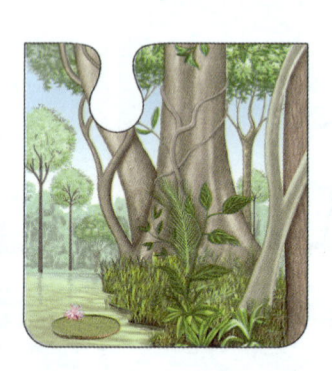

Diálogo inicial

1. Você consegue observar semelhanças entre os ambientes apresentados nas imagens? Quais?
2. Os seres vivos encontram as mesmas condições de sobrevivência nesses ambientes? Explique.
3. Descreva o ambiente de cada imagem.

Ambientes da Terra

Você já aprendeu que a Terra tem a forma arredondada e, quando vista do espaço, é azul.

No entanto, ao observarmos com atenção, percebemos que ela não é igual em todos os locais. Alguns ambientes são muito gelados; outros, extremamente secos; outros, cobertos por vegetação densa; alguns estão em altitudes elevadas e outros são encontrados no fundo do mar. Em diversos ambientes há formas de vida.

Cada local do planeta tem características próprias, que dependem da quantidade de luz que recebem do Sol, da altitude, da **temperatura**, da **umidade** e de muitos outros fatores que selecionaram as características dos seres vivos.

▶ Os pombos são animais que conseguem sobreviver em ambientes muito modificados pelo ser humano, como nas grandes cidades. Recife, Pernambuco, 2009.

20 cm de comprimento

Vocabulário

Temperatura: quantidade de calor existente em um ambiente ou em um corpo.
Umidade: presença de água nos corpos sólidos e gasosos.

Na prática

Material:
- revistas e jornais;
- cartolinas;
- cola.

Como fazer

1. Reúna-se com alguns colegas e, juntos, formem um grupo.
2. Recortem de revistas e jornais (ou de outras fontes) imagens de ambientes. Quanto mais diferentes e curiosos, melhor!
3. Agrupem-nas de acordo com as características do ambiente: aquático, florestal, árido ou desértico, montanhoso, urbano, litorâneo etc.
4. Colem cada grupo de imagens em uma cartolina e coloquem um título para identificar o ambiente representado.

1 Com base na atividade, respondam oralmente às questões a seguir.
   a) Qual dos ambientes das imagens mais se parece com o local onde você mora?
   b) A Terra abriga seres vivos em ambientes diversos. De que modo as condições naturais, como calor, frio, escassez de água, entre outras, interferem na vida presente nesses ambientes?

◈ Diferentes ambientes terrestres e alguns de seus habitantes

▶ Águia-careca.
1,1 m de comprimento

▶ Raposa-do-ártico.
1 m de comprimento

▶ Lemingue.
15 cm de comprimento

▶ Ipê-amarelo.
15 m de altura

▶ Baleia-franca.
15 m de comprimento

OCEANO ATLÂNTICO

OCEANO PACÍFICO

Legenda:
- Tundra
- Floresta de coníferas (Taiga)
- Floresta temperada
- Mediterrânea
- Pradaria
- Estepes (Caatinga)
- Deserto
- Floresta tropical e savana (Cerrado)
- Floresta equatorial
- Alta montanha

0 1140 2280 km
1 cm – 1140 km

▶ Crocodilo-do-nilo.

4 m de comprimento

▶ Mangueira.

20 m de altura

OCEANO GLACIAL ÁRTICO

Círculo Polar Ártico

2,5 m de comprimento

▶ Dragão-de-komodo.

Trópico de Câncer

OCEANO PACÍFICO

Equador

OCEANO ÍNDICO

▶ Grande barreira de corais.

Trópico de Capricórnio

4 m de diâmetro

▶ *Welwitschia mirabilis*, uma planta rasteira.

1,5 m de comprimento

▶ Flamingo.

Fonte do mapa: Begon, M.; Townsend, C. R.; Harper, J. *Ecologia: de indivíduos a ecossistemas.* Porto Alegre: Artmed, 2007.

147

◈ A vida nos desertos e nas regiões geladas

Em algumas regiões do planeta Terra chove pouco e o solo é árido e muito arenoso ou pedregoso. É o caso dos desertos, como o do Saara. Localizado no Norte da África, é o maior do mundo. Também há desertos na América, na Ásia e na Austrália.

A temperatura varia muito no **ambiente desértico**: de 50 °C durante o dia (considerado quente) para −5 °C à noite (considerado frio), por exemplo. O solo é formado praticamente por areia e rochas. Nesse ambiente vivem alguns animais, como insetos (grilos, besouros etc.), répteis (lagartos e serpentes) e mamíferos (camelos, dromedários, ratos, coiotes etc.). Esses animais têm adaptações que lhes permitem sobreviver nessas condições extremas.

▶ O camelo pode ficar dias sem ingerir água ou comida. Ele chega a beber cerca de 100 litros de água em poucos minutos para se reabastecer.

▶ O lagarto do deserto se enterra na areia para se esconder do Sol, deixando apenas os olhos e as narinas fora do solo. Sua pele grossa evita a perda de água do corpo.

▶ O escorpião do deserto só sai da toca à noite e se alimenta de insetos e vermes, dos quais retira a água de que necessita para viver.

As plantas das áreas desérticas são adaptadas à escassez de água. Um exemplo é a *Aloe vera* (também chamada babosa), originária do deserto, mas que atualmente pode ser encontrada em regiões tropicais. Suas folhas são espinhosas, com o formato de lanças, e armazenam boa quantidade de água.

▶ A *Aloe vera* é adaptada a viver em regiões desérticas.

Nas **regiões polares** predomina o frio extremo, e a incidência da luz do Sol é inferior à de outras regiões do planeta, fazendo-as permanecer cobertas de gelo. Dessa forma, os seres vivos que habitam esses locais têm adaptações que garantem sua sobrevivência.

Na região do Polo Norte podemos encontrar rochas com musgos e liquens que servem de alimento para animais como o boi-almiscarado e a rena. Há também outros animais, como o urso-polar e a raposa-do-ártico.

Os animais das regiões polares têm densa camada de gordura sob a pele, que auxilia na manutenção do calor do corpo. Têm também o corpo revestido de penas ou pelos que os protegem contra a perda de calor.

▶ O urso-polar é um exemplar de mamífero da região ártica.

É mais frio na região do Polo Sul do que na região do Polo Norte. Nesses ambientes gelados podemos encontrar algumas aves, como o pinguim, e mamíferos, como as baleias e a foca-leopardo.

Alguns povos, como os lapões e os inuítes, moram na região polar ártica, de frio intenso.

Já a região do Polo Sul, onde se localiza o continente antártico, apresenta habitantes temporários: cientistas de diversos países que ficam na Antártida enquanto realizam suas pesquisas.

▶ Os pinguins fazem parte da fauna antártica.

▶ Os lapões habitam áreas ao norte da Suécia, Noruega e Finlândia.

Para ir mais longe

Filme
▶ *A marcha dos pinguins*. Direção: Luc Jacquet. França: Buena Vista e National Geographic Films, 2005. O documentário aborda a vida dos pinguins, ressaltando a dificuldade de sobrevivência em seu ambiente natural.

Site
▶ *Dia sem noite*. <www1.folha.uol.com.br/folhinha/2012/03/1055964-dia-sem-noite-leia-sobre-curiosidades-da-vida-na-antartida.shtml>. Infográfico sobre a vida no continente gelado.

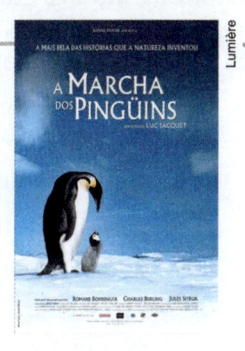

Baú de informações

Quem são os inuítes?

Imagine viver em um local onde a temperatura ambiente pode alcançar 30 °C negativos, morar em casas formadas por blocos de gelo, sem plantações ou condições adequadas para a criação de animais que sirvam de alimento, entre outras dificuldades cotidianas. Será que é possível? Saiba que existem etnias que conseguem viver nessas condições há mais de mil anos!

▶ Mulher dentro de iglu no território inuíte de Gjoa Haven, Nunavut, Canadá, 2009.

Um desses povos são os inuítes, que ocupam cerca de um terço do território do Canadá e conseguem sobreviver adotando hábitos relativamente primitivos. Por exemplo, eles alimentam-se quase unicamente de animais que vivem na região do Polo Norte, como focas, morsas, baleias e caribus (um cervo de grande porte). Antigamente eram chamados de esquimós, termo com conotação negativa que significa "comedor de carne" na língua *inuktitut*, o idioma deles.

Apesar de viverem em condições muito extremas, que os obriga a adotar comportamentos muito diferentes daqueles com que estamos acostumados em nossa sociedade, eles compartilham conosco alguns hábitos e atividades, como acessar a internet, ter TV a cabo (no próprio idioma), frequentar escolas regulares, trabalhar na área da mineração e construção civil, fazer serviços administrativos, além de explorar o turismo em seu território, fortalecendo assim seus hábitos e valores culturais.

1 No caderno, faça o que se pede.

a) Considerando as dificuldades enfrentadas pelos inuítes para sobreviver na região polar, faça uma pesquisa e cite ao menos dois exemplos de populações humanas que também superam condições ambientais extremas para sobreviver.

b) No ambiente em que vivem os inuítes há grande quantidade e diversidade de itens alimentares disponíveis? Explique.

c) Em sua opinião, populações que vivem de forma primitiva e dependem mais das condições da natureza, como os inuítes, podem ser consideradas atrasadas em relação às pessoas que vivem nas grandes cidades? Justifique.

Atividade

1 Forme dupla com um colega e, juntos, resolvam as atividades a seguir.

a) Observem as imagens e completem o quadro com as informações solicitadas.

	Tela 1	Tela 2
Ambiente terrestre	região polar	
Característica do ambiente		Chove pouco, o solo é árido e muito arenoso ou pedregoso, temperatura variável (quente de dia e frio à noite).
Animal que aparece na imagem		

b) Quais as características de cada um dos animais das fotografias que os permitem viver nos respectivos ambientes?

_____

_____

c) Preencha os campos vazios do quadro com o nome dos seres vivos a seguir. Mas, atenção, não vale repetir nenhum nome, nem na coluna, nem na linha. Depois, pinte de amarelo o espaço que tem o nome de um ser vivo de área desértica.

	A	B	C	D	E
1		camelo	cacto		escorpião
2	camelo		leão-marinho	pinguim	
3	escorpião		pinguim		leão-marinho
4		pinguim		cacto	
5	cacto	leão-marinho		escorpião	

◈ A vida nas florestas, nos campos e nas savanas

Os **ambientes florestais** são os que apresentam a maior **diversidade** de seres vivos, desde microrganismos invisíveis a olho nu até altas árvores, com mais de 50 metros de altura.

A vegetação pode ser mais fechada ou mais aberta dependendo da região onde a floresta se encontra.

▶ A mata de araucárias é encontrada no Sul do Brasil, em regiões mais frias. Sua principal espécie vegetal é o pinheiro-do-paraná.

▶ A Floresta Amazônica é considerada a maior floresta tropical do mundo. O ambiente é úmido e quente, os rios são largos e a vegetação é ampla e muito diversificada.

▶ Araracanga, ave típica da Floresta Amazônica.

As florestas tropicais estão localizadas nas regiões quentes do planeta. Apresentam condições muito favoráveis às diversas formas de vida, em razão das frequentes chuvas e da temperatura, que se mantém estável o ano todo, sem períodos de muito frio. A Floresta Amazônica é uma floresta tropical com grande **biodiversidade**. Entre os animais que habitam essa região estão araras, tucanos, onças-pintadas e sapos; e fazem parte da vegetação castanheiras, seringueiras e vitórias-régias.

Vocabulário

Biodiversidade: variedade de seres vivos de um local.
Diversidade: variedade.

A Mata Atlântica também é uma floresta tropical que se estendia do Rio Grande do Norte ao Rio Grande do Sul. Foi muito devastada e, atualmente, a maior parte da área litorânea que era coberta por ela está ocupada por grandes cidades, pastos e agricultura. Mico-leão-dourado, onça-pintada, gato-maracajá e araponga são alguns dos animais que habitam as áreas remanescentes da Mata Atlântica. São componentes da vegetação o manacá-da-serra, o jacarandá e o ipê.

Em alguns ambientes do planeta Terra predomina a vegetação rasteira, de pequena altura; são os **campos**.

No Brasil encontram-se principalmente no Rio Grande do Sul. O ambiente dos campos apresenta morros e áreas planas, arbustos e pequenas árvores isoladas. Entre os seres vivos há muitos tipos de capim (também chamado de gramínea) e animais, como a ema e o veado-campeiro.

Outros ambientes têm vegetação composta de árvores esparsas de caule retorcido, arbustos e plantas rasteiras; são as **savanas**. No Brasil, esse tipo de ambiente é denominado de Cerrado. Observe os seres que o habitam nas fotografias a seguir.

▶ A Mata Atlântica recobria extensas áreas próximas ao litoral do território brasileiro, sendo o hábitat de grande variedade de espécies animais e vegetais. Atualmente está reduzida a cerca de um décimo da cobertura original.

▶ A vegetação do campo é ideal para os cavalos.

▶ Cerrado. Parque do Jalapão, Tocantins.

▶ O tamanduá-mirim é um animal típico do Cerrado, região que também é hábitat do tamanduá-bandeira, da ema, do tatu, do veado-campeiro e do lobo-guará.

▶ A Savana também é encontrada na África. Leões, zebras e girafas são animais típicos.

▶ Leão, animal típico da Savana africana.

Baú de informações

Quanto valem as florestas?

[...] Uma outra questão, muito importante para entendermos por que se fala tanto da importância das florestas para o equilíbrio da vida no planeta, diz respeito às raízes das árvores, que ajudam a fixar o solo. Quando se destrói uma área grande de floresta para criar boi, por exemplo – o que é a realidade dramática que a gente vem testemunhando há décadas na Amazônia –, o solo fica desprotegido, perde a consistência original a cada chuva, a cada temporal, toneladas de terra que antes permaneciam na área da floresta são carreadas na direção dos rios. [...] Os primeiros 20 centímetros da superfície do solo são os mais ricos, e é justamente essa a parte levada pela chuva na direção dos rios, **assoreando** o leito, dificultando a navegação e prejudicando o equilíbrio ecológico.

[...] Quando se destrói uma floresta há prejuízos muitas vezes irreversíveis para a biodiversidade. São milhões de espécies vegetais e animais que nem conhecemos ainda e que deixam de ser aproveitados em pesquisas na área da biotecnologia. Inúmeros medicamentos hoje bastante procurados nas farmácias têm origem na descoberta das substâncias encontradas na floresta. Um exemplo interessante é o da aspirina, cujo **princípio ativo** foi extraído de uma árvore, o salgueiro-branco. Existem, portanto, vários motivos para se proteger as florestas. A Amazônia é quase metade do território brasileiro, e 15% das florestas já foram devastados. É um número impressionante e expressivo. Desses 15%, 80% foram destinados à pecuária.

André Trigueiro. *Mundo sustentável*. São Paulo: Globo, 2005. p. 145-146.

> **Vocabulário**
>
> **Assorear:** acumular areia e outros resíduos nos rios, canais etc.
> **Princípio ativo:** componente principal de um produto (neste caso, de um remédio).

▸ Salgueiro-branco, de onde foi extraído o princípio ativo do medicamento conhecido como aspirina.

1 Responda no caderno.
   a) Qual é a importância das raízes das árvores para o solo?
   b) De que forma o desmatamento afeta o equilíbrio ecológico?
   c) Muitos seres vivos, como as plantas, podem servir de base para a produção de medicamentos. Podemos afirmar, portanto, que as florestas possuem uma variedade considerável de organismos que podem ser úteis para o tratamento e cura de doenças? Explique.

Brincar e aprender

1 Na ilustração da floresta tropical a seguir estão escondidos nove animais que vivem nela. Encontre-os e circule-os.

Agora, escreva o nome dos animais que não deveriam estar nesse ambiente.

_____

Atividades

1 Pinte os ⬜ das frases que descrevem características das florestas.

a) ⬜ Apresentam árvores de grande porte.

b) ⬜ Podem ser densas ou mais abertas.

c) ⬜ Têm apenas vegetação rasteira.

d) ⬜ Têm fauna diversificada.

e) ⬜ Não têm muitas espécies de animais.

2 Leia o texto a seguir, reveja o que você aprendeu do assunto e responda às questões.

Os campos naturais estão desaparecendo, substituídos por pastagens artificiais. Sem falar nas vastas plantações e **monoculturas**, como as de soja, que ocupam enormes extensões de terra com uma única espécie vegetal. Tudo isso afasta e elimina a fauna nativa mais exigente, transformando essas áreas em verdadeiros ermos verdes.

Com o desaparecimento dos ambientes naturais, todos perdem, inclusive o próprio homem, que não poderá conhecer muitas espécies de animais.

Roberto Antonelli Filho. *A vida nos campos e pradarias*. São Paulo: FTD, 1997. p. 33.

Vocabulário

Monocultura: cultivo de um único tipo de planta.

a) Com relação à paisagem, como se apresentam as regiões formadas por campos naturais?

_____

_____

b) O desaparecimento dos ambientes naturais não prejudica as pessoas. Você concorda com essa afirmação? Justifique.

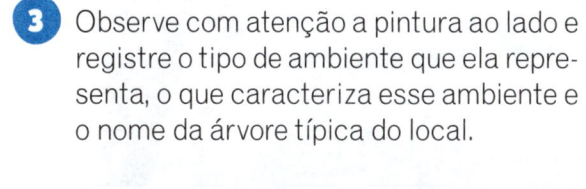

_____

_____

3 Observe com atenção a pintura ao lado e registre o tipo de ambiente que ela representa, o que caracteriza esse ambiente e o nome da árvore típica do local.

_____

_____

_____

_____

▶ Sonya Bortolon. *União da Vitória*, 2012. Óleo sobre tela, 60 × 100 cm.

4 Na África há um ambiente composto de amplas áreas abertas com gramíneas, árvores espaçadas e animais de grande porte, como girafas, leões e elefantes. Qual é o ambiente brasileiro que tem características de vegetação semelhantes às desse ambiente africano? Cite ao menos três animais que vivem nele.

_____

_____

◆ A vida nas grandes altitudes e no ambiente aquático

Das mais altas montanhas até o mais fundo dos oceanos, há diferentes formas de vida.

As **montanhas** abrigam plantas rasteiras, regiões florestais e até áreas apenas cobertas de neve.

Os seres que vivem nas maiores altitudes estão adaptados a uma menor quantidade de gás oxigênio na atmosfera e à baixa temperatura.

▶ O lhama vive nos Andes, cadeia montanhosa que se estende pela costa oeste da América do Sul.

▶ O bode-das-montanhas norte-americano é encontrado em vários lugares e é ótimo escalador.

Não é fácil para o ser humano viver nas alturas. O corpo humano sente falta do gás oxigênio. Inicialmente sentimos tontura, depois vêm cansaço, dor de cabeça e enjoo. A quantidade menor de gás oxigênio na atmosfera sobrecarrega nossos pulmões, o coração e afeta os músculos.

Os **ambientes aquáticos** formados por mares, oceanos, rios, lagos e manguezais também têm sua própria biodiversidade.

Há seres que sobrevivem apenas em águas com certa **salinidade**, como os que vivem nas águas salgadas dos mares e dos oceanos.

▶ Os alpinistas devem conhecer o risco a que se submetem ao escalar uma montanha. Além do corpo sofrer o impacto causado pela mudança na temperatura e na altitude, eles ainda correm o risco de cair, escorregar ou, no caso das montanhas geladas, ser vítimas de avalanches.

Vocabulário

Salinidade: quantidade de sal mineral dissolvido na água.

▶ Tubarão.

Alguns organismos habitam a parte superficial das águas oceânicas e dos mares; outros, as profundezas. As algas e os animais que se alimentam delas são mais comuns em regiões superficiais, onde as algas recebem a luz do Sol e, assim, realizam a **fotossíntese** e produzem o próprio alimento.

Vocabulário

Fotossíntese: processo pelo qual as plantas produzem o próprio alimento. Ele ocorre na presença de luz e consome água e gás carbônico.

▶ As algas são organismos fotossintetizantes.

▶ Os peixes encontrados nas regiões mais profundas têm modificações que lhes possibilitam sobreviver. Esse da fotografia tem uma estrutura que emite luz, atraindo peixes dos quais se alimenta.

20 cm de comprimento

Em alguns oceanos há uma região de grande profundidade aonde a luz do Sol não chega. Os animais que vivem nesses locais são carnívoros e ainda pouco estudados pelos cientistas por causa da dificuldade de chegar até eles.

Há seres que habitam exclusivamente ambientes de água doce, como rios e lagos. Grande variedade de plantas aquáticas, peixes, anfíbios e invertebrados, como alguns caramujos e camarões, fazem parte desse grupo.

A vegetação nos ambientes de água doce pode ser bastante diversa. Muitas plantas habitam o leito desses ambientes; outras flutuam na superfície, deixando as folhas completamente expostas à luz do Sol, como a ninfeia.

Muitos animais dependem dessas plantas para alimentação, para proteger-se ou depositar seus ovos.

Olho vivo!

Quando falamos em água doce, não significa que o sabor dela é realmente doce, mas que tem menor quantidade de sais minerais se comparada à água do mar.

▶ Vegetação no fundo do Rio Preto, Furna do Rio Preto, Bahia, 2007.

▶ Flores e folhas de ninfeia, vegetação flutuante, em rio na Guatemala, 2014.

Baú de informações

Manguezais

O manguezal é uma região que é alagada de acordo com o movimento das marés em muitos locais da costa brasileira. Seu solo é lamacento, com pouco gás oxigênio; a vegetação tem raízes expostas e é composta de plantas que se adaptam à alta salinidade.

▶ Os manguezais são ambientes que se formam, geralmente, próximo do encontro de rios com o mar. Ubatuba, São Paulo, 2007.

▶ Caranguejo-azul (guaiamum) no mangue em Ubatuba, São Paulo, 2008.

A fauna nos manguezais é muito diversificada. Esse ambiente é considerado um verdadeiro berçário da natureza, já que muitos caranguejos, peixes e outros animais deixam seus ovos e filhotes nessas águas calmas e protegidas de predadores.

A humanidade, entretanto, nem sempre atentou à preservação dos manguezais e causou a degradação desse ambiente. A poluição das águas dos rios, o desmatamento, o lançamento de esgotos e o aterramento dessas áreas para construir casas, ruas e prédios causou a redução drástica dos manguezais em todo o país.

1 Qual é o ambiente descrito no texto?

_____

2 Escreva três características desse ambiente.

_____

3 Por que os manguezais são considerados "berçários da natureza"?

_____

4 Com base na resposta da questão 3, explique a consequência da degradação dos manguezais.

_____

_____

Na prática — Experimento

O fundo dos oceanos ainda é um dos ambientes menos conhecidos pelos seres humanos. Peixes que emitem luz, caranguejos com pernas enormes, lulas gigantes são apenas alguns dos exemplos de organismos que vivem lá. Essas descobertas foram feitas ao longo do tempo, tanto pela coleta involuntária desses animais quando algum deles aparece preso em uma rede de pesca, por exemplo, quanto em expedições submarinas de pesquisa. Aliás, você sabe como funcionam os submarinos? Prepare-se, pois agora você aprenderá a fazer um modelo simples e divertido de submarino.

Material:
- 1 garrafa PET;
- massa de modelar;
- 1 mangueira plástica fina;
- tesoura sem ponta;
- 1 balão de festa.

Olho vivo!

Peça a um adulto que faça alguns furos na garrafa plástica.

Como fazer

1. Prenda o balão em uma das extremidades da mangueira, fixando-o com um pouco da massa de modelar.
2. Agora, coloque-o dentro da garrafa e prenda a mangueira na boca da garrafa, também com massa de modelar.
3. Com o balão ainda vazio, coloque a garrafa dentro de um local com água, como uma bacia, um tanque ou uma banheira, deixando-a afundar.
4. Por fim, assopre a mangueira enchendo o balão dentro da garrafa. O que aconteceu?

1 E se você deixar o ar sair novamente da garrafa, o que acontece? Discuta o resultado com os colegas.

Atividades

1 Observe as imagens de alguns ambientes e escreva uma legenda que explique claramente cada um deles.

A — Ervin Monn/Shutterstock
B — Roberto Tetsuo Okamura/Shutterstock
C — Darren J. Bradley/Shutterstock

_____   _____   _____
_____   _____   _____
_____   _____   _____
_____   _____   _____
_____   _____   _____

2 Desenhe ou cole uma imagem de um ambiente de água salgada e de um ambiente de água doce nos espaços a seguir. Depois, escreva suas características.

Ambiente de água doce	Ambiente de água salgada

_____   _____
_____   _____
_____   _____

3 Complete o diagrama de palavras.

1. Ambientes aquáticos com menor quantidade de sais minerais, onde encontramos água doce.

2. Ambientes aquáticos com água salgada.

3. Problema ambiental que atinge os ambientes aquáticos.

4. Elemento encontrado em menor quantidade na atmosfera nas altitudes mais elevadas.

5. Seres vivos que existem na superfície de ambientes aquáticos e que realizam a fotossíntese.

4 Circule o nome dos animais que se reproduzem nos manguezais.

a) caranguejo

b) sapo

c) sardinha

d) garça

e) águia

f) martim-pescador

g) estrela-do-mar

h) lhama

◈ Biomas brasileiros

O Brasil apresenta grande variedade de espécies animais e vegetais, que podem ser agrupadas em sete **biomas**.

Vocabulário

Bioma: área que abrange ambientes com características semelhantes, como temperatura, regularidade de chuvas e outras.

Fonte do mapa: <http://7a12.ibge.gov.br/vamos-conhecer-o-brasil/nosso-territorio/biomas>. Acesso em: 15 mar. 2014.

Legenda:
- AMAZÔNIA
- MATA ATLÂNTICA
- CERRADO
- PANTANAL
- CAATINGA
- PAMPA
- ÁREA DESMATADA
- MARINHO E COSTEIRO

Vegetação da Caatinga no sertão baiano. Tucano, Bahia, 2012.

CAATINGA

Predomina no Nordeste brasileiro, numa região onde as chuvas são escassas. Por isso sua vegetação típica é seca e espinhosa, os caules armazenam água e as folhas caem durante o período mais seco, voltando a brotar no período de chuvas.

Mico-leão-dourado.
25 cm de comprimento

Pau-brasil, espécie ameaçada de extinção. Gandu, Bahia, 2008.

MATA ATLÂNTICA

Floresta tropical que se estendia por todo o litoral brasileiro, do Rio Grande do Norte ao Rio Grande do Sul, considerada um dos biomas mais ricos do mundo em espécies da fauna e da flora. É o bioma brasileiro mais devastado pela ação do ser humano. Atualmente resta menos de um décimo de seu tamanho original, pois o restante foi substituído por cidades e áreas de pecuária e agricultura.

Sapo venenoso — 4 cm de comprimento

AMAZÔNIA
Esse bioma abrange outros países além do Brasil. Seu ambiente é quente e úmido e abriga grande diversidade de vida animal e vegetal, com árvores que alcançam mais de 40 metros de altura. O maior problema para sua preservação é o desmatamento, causado pela extração ilegal de madeira e para criar áreas para a atividade agropecuária.

Cervo-do-pantanal. 1,2 m de altura

Árvore sumaúma. Estação Ecológica da Paineira, Alta Floresta, Mato Grosso, 2007.

BIOMA MARINHO E COSTEIRO
Como o próprio nome diz, se localiza ao longo de toda a costa brasileira em contato com o Oceano Atlântico. Apresenta diferentes ecossistemas, cada um com diferentes espécies animais e vegetais. No bioma marinho podemos citar os manguezais, os recifes de coral e também as dunas. A ocupação desordenada desses espaços vem colocando em risco todos os seus ecossistemas.

PANTANAL
Formado por uma variedade de ecossistemas, abriga espécies da Floresta Amazônica, do Cerrado e da Caatinga, além de muitas plantas aquáticas e matas ciliares, apresentando uma fauna bastante diversificada. O bioma do Pantanal também enfrenta agressões ambientais provocadas pela ocupação irregular do solo, o extrativismo, a caça e a pesca predatória.

Graxaim, nos Pampas, Cambará do Sul, Rio Grande do Sul, 1999. — 80 cm de altura

CERRADO
Constituído por árvores relativamente baixas (até 20 metros), distribuídas entre arbustos e gramíneas, é o hábitat de uma grande variedade de espécies animais e vegetais, muitas delas já em extinção, pois, depois da Mata Atlântica, o Cerrado é o bioma brasileiro que mais sofreu alterações com a ocupação humana.

Capim-dos-pampas, nos Pampas gaúchos. Santa Maria, Rio Grande do Sul, 2012.

CAMPOS SULINOS OU PAMPAS
Encontrados no Sul do Brasil, são constituídos por vegetação rala, com predominância de gramíneas. Esse bioma tem sido explorado para a agricultura e a criação de gado e vem enfrentando problemas de empobrecimento do solo e erosão.

Paisagem com buritizal nas veredas da Serra do Roncador. Barra do Garças, Mato Grosso, 2013.

#NaRede

Conhecer os biomas brasileiros é importante para valorizar a necessidade de cuidar melhor desses locais. Escolha um dos biomas estudados e colete informações sobre ele e seu estado de preservação. Anote as informações no caderno e, junto com os colegas e o professor, elaborem um mapa interativo com os principais biomas brasileiros. Esse mapa deve ser grande e colocado no mural da sala de aula ou da escola, e os biomas e suas respectivas características devem estar identificados, além de incluírem imagens que representem seres vivos que habitem esses locais.

- Biomas brasileiros. <www.guardioesdabiosfera.com.br>. Informações e vídeos em desenho animado para as crianças aprenderem as características dos principais biomas brasileiros e como preservá-los.
- Projeto biomas. <www.projetobiomas.com.br>. Contém informações e galeria de fotografias dos principais biomas brasileiros.

A vida nas cidades

Você conheceu algumas características de diferentes ambientes naturais de nosso planeta. Agora vamos identificar aspectos do ambiente urbano, ou seja, das cidades.

É no ambiente urbano que reside a maior parte da população brasileira. Com o crescimento das áreas urbanas foram provocadas grandes alterações nos ambientes naturais.

O solo coberto por concreto nas cidades impede a água de penetrar nas camadas mais internas, e ela passa a escorrer pela superfície. Isso altera a formação de muitas **nascentes de água doce**, que dependem da água que penetra nos solos. Em muitas cidades, os rios foram canalizados e passam por baixo de ruas e construções. Esses rios deixam de apresentar condições adequadas à vida e, além disso, passam, muitas vezes, a receber esgoto.

Poucas cidades foram planejadas respeitando as características do local. Algumas foram construídas em locais de nascentes de água, outras em encostas de morros que precisaram ser desmatados para ceder lugar às construções. Com o desenvolvimento das cidades, a vegetação original tem sido destruída.

Muitas espécies animais desapareceram porque seu hábitat foi destruído; outras se adaptaram ao ambiente urbano, rico em restos de alimentos. Um exemplo é o grande número de moscas, baratas, cupins e ratos que infestam muitas cidades brasileiras.

Vocabulário

Nascente de água doce: região de onde surge água do solo.

▶ A falta de planejamento faz com que o crescimento urbano ocorra em encostas de morros e destrua a vegetação original. Vista aérea do Morro da Glória, em Angra dos Reis, Rio de Janeiro, 2011.

Baú de informações

Pragas urbanas

Moscas, cupins, baratas, formigas, ratos e até mesmo pombos são animais cuja população vem aumentando consideravelmente nas cidades. Algumas dessas espécies podem danificar alimentos e objetos e transmitir doenças ao homem.

Quando moscas ou baratas andam sobre o lixo à procura de alimentos, carregam microrganismos causadores de doenças. Se depois elas pousarem ou andarem sobre nosso alimento, ele fica contaminado.

Os ratos também buscam restos de alimentos e abrigo no lixo. Eles representam sério perigo à saúde das pessoas, pois são transmissores de doenças como a **leptospirose**, doença causada por bactérias e caracterizada por febre, dores musculares e manchas avermelhadas no corpo. Podem ser evitados com cuidados higiênicos nos ambientes onde vivemos.

▶ Acúmulo de lixo, como restos de alimentos, atrai moscas e baratas, que podem transmitir doenças aos seres humanos.

▶ O rato transmite a leptospirose pela urina.

Outro animal comum nas grandes cidades é o pombo. O aumento do número desses animais provoca problemas ambientais. As fezes dos pombos desgastam monumentos e a pintura dos automóveis. Quando essas fezes secam, os microrganismos presentes nelas se espalham pelo ar provocando doenças respiratórias, como asma e doenças de pele.

1 Que animais podem ser considerados pragas urbanas?

___

2 Com base no que leu, como você justifica a expressão "praga urbana" para definir alguns animais?

___

___

3 Quais são as razões para animais como ratos, moscas e baratas proliferarem nas cidades e o que fazer para evitá-los?

___

___

Valores e vivências

A tecnologia e a possibilidade de melhores condições de vida atraem as pessoas para as grandes cidades, mas podem trazer alguns problemas. Além do desequilíbrio causado por estresse e poluição, inclusive visual e sonora, o ritmo acelerado pode levar ao desgaste físico e mental. Dessa forma, é fundamental que as pessoas não deixem de lado o lazer e se esforcem para estar mais perto da natureza sempre que possível. Isso possibilita aos cidadãos relaxar e deixar de lado os problemas por um tempo e restabelecer o equilíbrio do organismo, o que é fundamental para a saúde.

Para ir mais longe

Livros

- *A poluição tem solução!*, de Guca Domenico, ilustrações de Adriana Ortiz. São Paulo: Nova Alexandria, 2009.

  Conheça a história de Nando, um menino preocupado com o meio ambiente que percebe desde cedo que somos responsáveis pelo lugar em que vivemos.

- *Meio ambiente: uma introdução para crianças*, de Michael Driscoll e Dennis Driscoll. São Paulo: Panda Books, 2010.

  Aborda diversos temas relacionados ao meio ambiente, como escassez de água, qualidade do ar, construção de hidrelétricas, espécies de animais em extinção e mais. Apresenta experimentos e dicas de ações que beneficiam o planeta.

Atividades

1 Cite duas características do ambiente das cidades.

_____

2 Observe a imagem. Enchentes são cada vez mais comuns nas grandes cidades. Quais são as causas dessas enchentes?

_____

_____

_____

_____

▶ Rua alagada no bairro São Sebastião, em Esteio, Rio Grande do Sul, 2015.

3 Siga o caminho e escreva somente as letras indicadas por números ímpares. Surgirá o nome de uma doença transmitida por ratos.

a) Que palavra surgiu?

_____

_____

b) Agora copie somente as letras dos espaços onde estão os números múltiplos de seis. Surgirá o nome de uma doença que pode ser desencadeada pelo contato com as fezes dos pombos. Qual é o nome dessa doença?

_____

4 Observe a ilustração a seguir. Ela retrata um ambiente urbano que pode ser melhorado para que as pessoas tenham melhor qualidade de vida. As mudanças dependem dos governantes e também de cada cidadão.

Registre no caderno o que pode ser feito nessa cidade para melhorar a qualidade do ar, a higiene, o lazer, o trânsito e para diminuir a poluição sonora e visual.

169

5 Leia a notícia a seguir e depois faça o que se pede.

Bombeiros capturaram mais de mil animais silvestres na Grande Cuiabá

O Corpo de Bombeiros capturou mais de mil animais silvestres em Cuiabá e Várzea Grande, região metropolitana da capital, conforme balanço divulgado pela companhia. Os casos mais frequentes são as invasões de casas em áreas consideradas urbanas, além de resgate de bichos em épocas de estiagem e chuva.

De acordo com os bombeiros, foram registrados 1 543 casos de animais que apareceram nessas duas cidades. Entre eles, foram capturados lagartos, gambás, capivaras, tamanduás-mirins, sucuris, jacarés, jiboias, surucucus, antas, papagaios, maritacas e jabutis. [...]

Um dos casos que chamou a atenção dos bombeiros foi em maio de 2012, quando uma sucuri de 6 metros foi resgatada no Bairro Jardim Paula II, em Várzea Grande.

Denise Soares. *G1 MT*, 11 jan. 2013. Disponível em: <http://g1.globo.com/mato-grosso/noticia/2013/01/bombeiros-capturaram-mais-de-mil-animais-silvestres-na-grande-cuiaba.html>. Acesso em: 15 maio 2014.

a) Discuta com os colegas e o professor sobre as possíveis causas de muitos animais silvestres invadirem as cidades. Pesquise se esse fato já aconteceu ou acontece em sua cidade ou estado. Traga o resultado da pesquisa para a sala de aula e relate o que descobriu.

b) Elaborem, juntos, uma lista de ações que podem ajudar a diminuir esse problema ambiental.

6 Marque um **X** na imagem que representa um problema urbano e que atrai muitos animais transmissores de doenças. Depois pinte os desenhos.

a)

b)

Sustentabilidade

Em 2013 a Organização das Nações Unidas (ONU) divulgou um relatório informando que a população do planeta havia chegado a 7,3 bilhões de pessoas. Quanto mais pessoas, maior o consumo dos recursos naturais, pois todos precisamos de alimento, moradia e diversos artigos, como roupas, medicamentos, aparelhos eletrônicos etc.

Por isso, precisamos pensar em **sustentabilidade** ou **desenvolvimento sustentável** que atenda às necessidades atuais sem comprometer os recursos para as gerações futuras, conciliando crescimento econômico e preservação da natureza. O desenvolvimento é necessário, porém o ser humano precisa respeitar o meio ambiente aproveitando de forma racional os recursos ambientais.

Observe nas imagens algumas ações que devem ser tomadas para o desenvolvimento sustentável.

▶ Reciclar o lixo, o que economiza recursos naturais e estimula a economia.

▶ Substituir os meios de transporte individuais (carros particulares) por meios de transporte coletivos (metrô, ônibus etc.).

▶ Comprar somente o necessário e preferir carrinho de feira ou sacolas retornáveis para transportar as compras.

▶ Extrair produtos da natureza para geração de renda sem agredir o ambiente e os seres vivos que o habitam, como é o caso do capim-dourado.

Para ir mais longe

Livro
▶ *A febre do planeta*, de Edson Gabriel Garcia. São Paulo: FTD, 2010. Conta a história de professores e alunos de uma escola que resolvem promover na comunidade ações de conscientização ambiental.

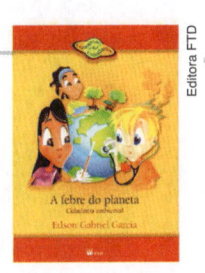

Site
▶ *O futuro que queremos*. <www.inpe.br/noticias/arquivos/pdf/RIO+20-web.pdf>. Cartilha que discute questões relacionadas ao desenvolvimento sustentável e ao futuro que queremos.

Baú de informações

O que entendemos por consumo responsável?

Você já se perguntou de onde vem e para onde vai o que você consome diariamente?

Esta reflexão crítica é essencial para a prática do consumo responsável, que nos traz ainda outras questões.

- O que comprar? É um produto necessário ou supérfluo?
- De onde vem o que compramos? Como é produzido? A produção causa algum impacto no meio ambiente?
- Onde e como comprar? Quanto vale?
- Como consumir? Como diminuir a geração de lixo?
- Como podemos intervir e multiplicar a prática de consumo responsável?

Em geral, o que vemos são pessoas escolhendo quais produtos vão comprar a partir do desejo e da necessidade, sem pensar no que esse ato provoca, para além do que seus olhos veem, no mundo a sua volta. Ao comprar alimentos, a maioria das pessoas se preocupa mais com aparência, sabor e preço, deixando de lado suas consequências para a saúde, o meio ambiente, a sociedade, a cultura, a economia e o mundo. Mas não podemos esquecer que, ao escolher comprar este ou aquele produto, estamos alimentando também atitudes que podem ser ou não sustentáveis.

▶ O consumismo está relacionado à aquisição de produtos desnecessários.

Vivemos numa cultura em que o consumismo e a prática de relações desrespeitosas com os trabalhadores têm trazido sérias consequências para a sustentabilidade da vida no planeta. Refletir sobre o nosso consumo e buscar alternativas mais sustentáveis e responsáveis é um dos maiores desafios que o homem encontra hoje para efetivamente contribuir na construção de uma melhor qualidade de vida para si e para todos. [...]

Renata de Salles S. Pistelli e Thais Silva Mascarenhas. *Organização de grupos de consumo responsável*. São Paulo: Instituto Kairós, 2011. p. 4-5. Disponível em: <http://institutokairos.net/wp-content/uploads/2012/04/Grupos-de-Consumo.pdf>. Acesso em: 20 jan. 2015.

1 Reflita com os colegas e o professor e responda oralmente às questões.

a) Como você responderia à pergunta que dá título ao texto?

b) Ao fazer compras em um supermercado, os alimentos vêm embalados em latas, vidros, sacos plásticos ou caixas. Ao passar pela caixa registradora, esses mesmos produtos, que já estão embalados, são colocados em sacolas de plástico, que depois irão para o lixo, assim com as demais embalagens dos produtos. O que pode ser feito para melhorar essa situação?

c) No início do texto há várias perguntas que o levam a refletir sobre sua posição como consumidor. Reflita sobre as questões e responda: Você se considera um consumidor responsável? Que atitudes pode adotar para ajudar a manter o equilíbrio ambiental?

Atividades

1 Leia as notícias a seguir.

> Construída em San Pablo, nas Filipinas, a escola feita com garrafas plásticas descartadas é a primeira deste tipo na Ásia. O objetivo do projeto é conscientizar a população sobre a importância da construção de novas escolas, além de dar novo uso a um material com descarte considerado problemático nos dias de hoje.
>
> Meu Mundo Sustentável. *Primeira escola de garrafas PET é construída na Ásia*. Disponível em: <http://meumundosustentavel.com/noticias/primeira-escola-de-garrafas-pet-e-construida-na-asia>. Acesso em: 20 fev. 2015.
>
> O Governo do Rio começou a testar o asfalto ecológico como alternativa para aumentar a segurança nas estradas e espera adotar a iniciativa em todo o estado. O asfalto é feito com pneus triturados e cada metro quadrado retira 1 pneu usado. A vantagem desse material é que deixa a pista menos escorregadia em dias de chuva e tem expectativa de durar 20 anos, o dobro em relação a recapeamentos comuns.
>
> Meu Mundo Sustentável. *Governo do Rio testa asfalto ecológico*. Disponível em: <http://meumundosustentavel.com/noticias/governo-do-rio-testa-asfalto-ecologico>. Acesso em: 22 fev. 2015.

◆ As notícias trazem exemplos de atitudes que visam ao desenvolvimento sustentável? Justifique.

_____

_____

_____

_____

2 Leia o texto e responda às questões.

> **Unidades de conservação**
>
> A fauna e a flora, os rios, os mares, as montanhas. Cada um dos elementos da natureza tem um papel a desempenhar. E para que isso ocorra é preciso haver equilíbrio.
>
> Muitos povos e civilizações reconheceram, ao longo da história, a necessidade de proteger áreas naturais com características especiais, por motivos os mais diversos: estas áreas podiam estar associadas a mitos, fatos históricos marcantes e à proteção de fontes de água, caça, plantas medicinais e outros recursos naturais.

Com o passar do tempo, muitas áreas naturais foram sendo destruídas para dar lugar à ocupação humana. Animais e plantas foram eliminados, alguns desapareceram e outros, até os dias atuais, ainda correm risco de extinção. [...]

O governo brasileiro protege as áreas naturais por meio de Unidades de Conservação (UC) – estratégia extremamente eficaz para a manutenção dos recursos naturais em longo prazo.

[...]

Ministério do Meio Ambiente. Disponível em: <www.mma.gov.br/areas-protegidas/unidades-de-conservacao>.
Acesso em: 22 fev. 2015.

a) Qual é a importância das unidades de conservação?

b) Quais são as ameaças à natureza que fazem necessária a existência de uma unidade de conservação?

3 Discuta com os colegas e o professor e responda oralmente às questões a seguir. Depois escreva uma conclusão sobre o assunto.

a) Qual é a causa da destruição de muitos ambientes?
b) Que atitudes das pessoas contribuem para a destruição da natureza?
c) De que forma muitas pessoas têm contribuído para a proteção da natureza e o reequilíbrio dos ambientes prejudicados?
d) O desenvolvimento sustentável pode ajudar a combater a destruição de muitos ambientes?

Um pouco mais sobre...

1 Existe uma formação muito importante para o equilíbrio ambiental. Leia o texto para conhecer a mata ciliar e depois faça o que se pede.

O que é mata ciliar?

Mata ciliar é a formação vegetal que ocorre nas margens dos rios, córregos, lagos, lagoas, olhos-d'água, represas e nascentes. É considerada pelo Código Florestal Federal (Lei 4.771/65) como área de preservação permanente.

Também é conhecida por mata de galeria, mata de várzea, vegetação ou floresta ripária.

▶ Mata ciliar em Bonito, Mato Grosso do Sul, 2008.

Importância da vegetação ciliar

A mata ciliar funciona como filtro ambiental, retendo poluentes e sedimentos que chegariam aos **cursos de água**, sendo fundamental para o equilíbrio dos ecossistemas aquáticos. Portanto, a manutenção da mata de galeria protege contra a erosão das **ribanceiras** e o consequente assoreamento dos recursos hídricos, conservando a qualidade e o volume das águas.

Vocabulário

Curso de água: ambientes de água doce com água fluente, como rios, riachos e ribeirões.
Ribanceira: margem de um rio.

Embora protegidas por lei, as matas ciliares não foram poupadas da degradação ao longo dos anos e a sua importância na conservação da biodiversidade pede ações que busquem reverter a atual situação.

[...]

Secretaria do Meio Ambiente do Estado do Rio Grande do Sul. Disponível em: <www.sema.rs.gov.br/conteudo.asp?cod_menu=309>. Acesso em: 13 maio 2014.

a) Onde se localiza a mata ciliar?

_____

b) Por que a mata ciliar é tão importante para os rios?

_____

c) Escreva uma atitude que permite proteger as matas ciliares.

_____

Revendo o que você aprendeu

1 Identifique os ambientes de nosso planeta representados a seguir e escreva o nome de cada um ao lado da imagem correspondente.

a) _____

d) _____

b) _____

e) _____

c) _____

f) _____

2 Escreva **D** para deserto, **P** para ambiente da região polar, **F** para floresta, **C** para campo, **M** para montanha e **A** para ambiente aquático.

a) ☐ Caracteriza-se pela presença de árvores de grande porte; pode ser densa ou aberta.

b) ☐ Local onde chove pouco e o solo é muito seco, com muitaq areia e muitas rochas.

c) ☐ Tem mais salinidade na água, sendo de água salgada; ou menos, sendo de água doce.

d) ☐ Predomina uma vegetação rasteira e é comum no Rio Grande do Sul.

e) ☐ Ambiente frio, geralmente coberto por gelo e com pouca luz quase o ano todo.

f) ☐ Apresenta vegetação muito variável, que vai desde plantas rasteiras e regiões florestais até áreas cobertas de neve.

3 Contorne atitudes importantes para proteger os ambientes de nosso planeta.

a) não desmatar

b) não fazer queimadas

c) não poluir

d) cortar árvores

e) jogar o lixo no lugar certo

4 Observe o gráfico e responda às questões.

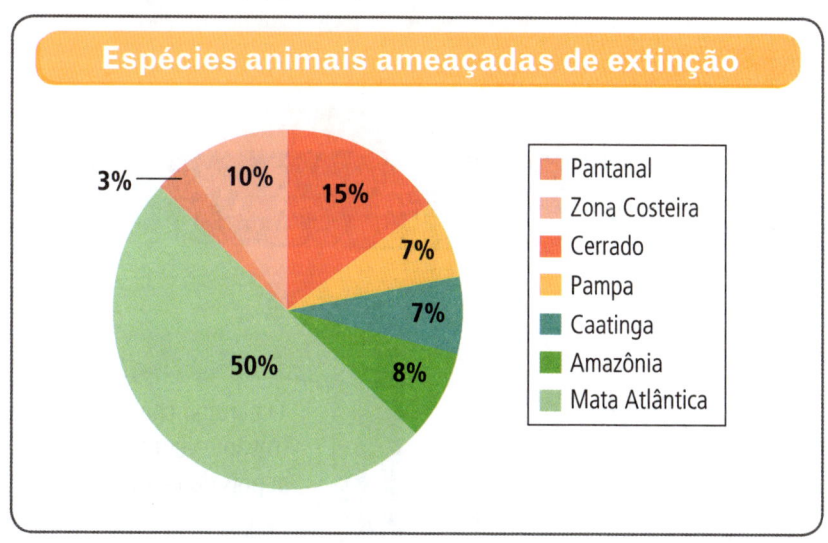

Espécies animais ameaçadas de extinção

- Pantanal: 10%
- Zona Costeira: 3%
- Cerrado: 15%
- Pampa: 7%
- Caatinga: 7%
- Amazônia: 8%
- Mata Atlântica: 50%

Fonte: <www.oeco.org.br/oeco-data/27906-mata-atlantica-concentra-especiesameacada-de-extincao>. Acesso em: 22 maio 2014.

a) Qual bioma brasileiro encontra-se com mais espécies animais ameaçadas de extinção?
_____

b) Quais agressões ambientais mais têm atingido os biomas?
_____
_____

c) Escolha um dos biomas e escreva suas características principais, citando animais e plantas típicos do local.
_____
_____
_____

5 Recorte os animais da parte inferior da página 223 e cole na paisagem apenas os que vivem no ambiente das florestas.

Agora responda: Qual é o ambiente de cada um dos animais que não foi colado no ambiente das florestas?
_____
_____
_____
_____

CAPÍTULO 8

Som, luz e calor

Tenho medo quando chove, pois faz muito barulho.

O barulho chama-se trovão e vem sempre depois do relâmpago.

Logo você vai ouvir o trovão.

CABRUM!

Diálogo inicial

1. Com qual dos dois personagens da história você se identifica quando ocorre uma tempestade?
2. Por quais sentidos uma tempestade pode ser percebida?
3. O que pode ser considerado exemplo de som e de luz numa tempestade?

Som

O som é percebido pela orelha, que é o órgão da audição. É um fenômeno produzido por um corpo em vibração, como as cordas do violão. O som é muito importante para a interação entre as pessoas, e entre elas e o ambiente no qual se encontram. É por meio do som de uma buzina que um pedestre pode ser alertado da proximidade de um carro, por exemplo.

O som é um tipo de energia que, para se **propagar**, precisa de um meio material, como o ar ou a água. Observe.

Vocabulário

Propagar: espalhar.

▶ O garoto ouve o som do sino que se propaga pelo ar.

▶ A garota ouve os sons propagados pela água.

▶ O som da furadeira se propaga pela parede e pelo ar.

Na prática — Experimento

Objetivo
Analisar a produção de diferentes tipos de som.

Material:
- caixa com vários objetos que emitam diferentes sons.

Como fazer

1. O professor ficará em um local onde ele não possa ser visto, pegará um dos objetos da caixa e fará barulho com ele.
2. Todos devem ouvir o som com atenção, sem expressar opinião.
3. No caderno, registre o som produzido pelos objetos e também um palpite sobre o que você acha que são.
4. Em seguida, o professor mostrará todos os objetos que utilizou. Verifique se você reconheceu o som produzido por eles.

Primeiro objeto
- *Som que ele produz:*
- *O que é:*

Segundo objeto
- *Som que ele produz:*
- *O que é:*

1 Troque ideias com os colegas sobre os diferentes sons identificados ou não por vocês.

Com base nos resultados do experimento, responda oralmente às questões a seguir.

a) Você conseguiu identificar todos os sons produzidos pelos objetos?

b) Quais sons foram mais fáceis de ser identificados? Por quê?

c) Houve diferença entre os sons que você percebeu e os sons que os colegas perceberam?

d) O que diferencia um som do outro?

e) Um mesmo objeto pode produzir sons diferentes?

f) De qual som você mais gostou? Como ele é?

g) De qual som você menos gostou? Como ele é?

Principais características do som

Existem diferentes tipos de som, que podem ser classificados quanto à altura, à intensidade e ao timbre. De acordo com a **altura**, um som pode ser **agudo** ou **grave**. O som agudo caracteriza-se por ser alto, como o apito de um guarda de trânsito. Já o som grave caracteriza-se por ser baixo, como o mugido de uma vaca.

Em relação à **intensidade**, o som pode ser **forte**, como o produzido por um avião, ou **fraco**, como o som do zumbido de uma mosca.

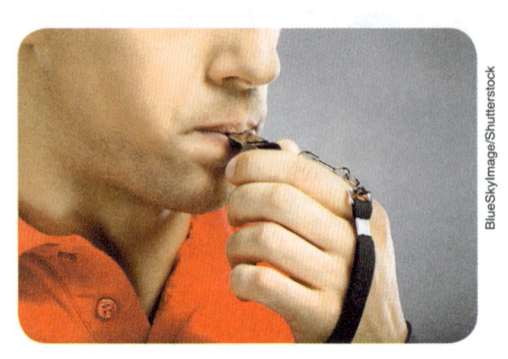

▶ O som do apito é agudo.

O **timbre** possibilita diferenciar dois sons com a mesma altura e a mesma intensidade, mas de diferentes fontes sonoras, como dois instrumentos musicais: o som de um piano é diferente do som de um violão.

▶ O som das turbinas de um avião é forte.

▶ O som do piano tem timbre diferente do som do violão.

Para ir mais longe

Sites

▶ *Como produzir sons de alturas diferentes?*. <casadecurioso.com.br/experimentoDetalhado.php?cod=227>. Mostra experimentos para perceber som grave e agudo.

▶ *Memória de sons*. <discoverykidsbrasil.uol.com.br/jogos/memoria-de-sons>. Jogo de memória auditiva, em que é preciso identificar sons iguais.

Na prática — Experimento

Objetivo
Demonstrar uma escala sonora.

Material:
- 6 copos de cristal ou vidro fino;
- água.

Olho vivo!

Peça ajuda a um adulto, para utilizar os copos cuidadosamente.

Como fazer

1. Posicione os copos em uma fileira.
2. Coloque água nos copos, mas em quantidades diferentes, como mostra a ilustração. Encha aproximadamente $\frac{1}{6}$ do primeiro copo, $\frac{2}{6}$ do segundo, metade do terceiro, $\frac{4}{6}$ do quarto, $\frac{5}{6}$ do quinto e totalmente o último copo.
3. Alinhe os copos do mais vazio para o mais cheio.

4. Molhe a ponta do dedo indicador e passe-o suavemente pela borda dos copos. Ouça os diferentes sons que serão produzidos.

1 Com base nos resultados do experimento, responda às questões.

a) Os sons emitidos foram iguais?

_____

_____

b) Qual foi o som mais grave? E o mais agudo?

_____

_____

c) Qual característica dos copos influenciou na altura do som?

_____

Atividades

1 Leia o texto e responda à questão.

Excesso de ruído no trabalho é a principal causa de surdez

A perda da audição é um mal irreversível. Com isso, a prevenção ainda é a melhor saída para evitar sofrimentos e constrangimentos. Segundo a coordenadora do curso de Fonoaudiologia da Unopar, Juliana Jandre Mello, se seguidas, algumas dicas podem retardar os efeitos da redução do poder auditivo.

Para profissionais que atuam em ambientes com grande incidência de ruído, como indústrias e construção civil, o aconselhado é usar durante todo o expediente os equipamentos de proteção individual (EPI). Para quem atua em *call centers*, o recomendado é a realização de audiometria – exame que confere como está a audição – a cada seis meses e durante o expediente de trabalho alternar o fone entre os ouvidos.

[...]

Viviane Alexandrino. Excesso de ruído no trabalho é a principal causa de surdez. *Jornal de Londrina*, Londrina, 24 abr. 2013. Disponível em: <www.jornaldelondrina.com.br/saude/conteudo.phtml?id=1366127>. Acesso em: 20 jan. 2015.

◆ Quais medidas devem ser tomadas em ambientes de trabalho para garantir a saúde auditiva dos funcionários?

___

___

___

2 Complete o diagrama com informações sobre o som e dê exemplos.

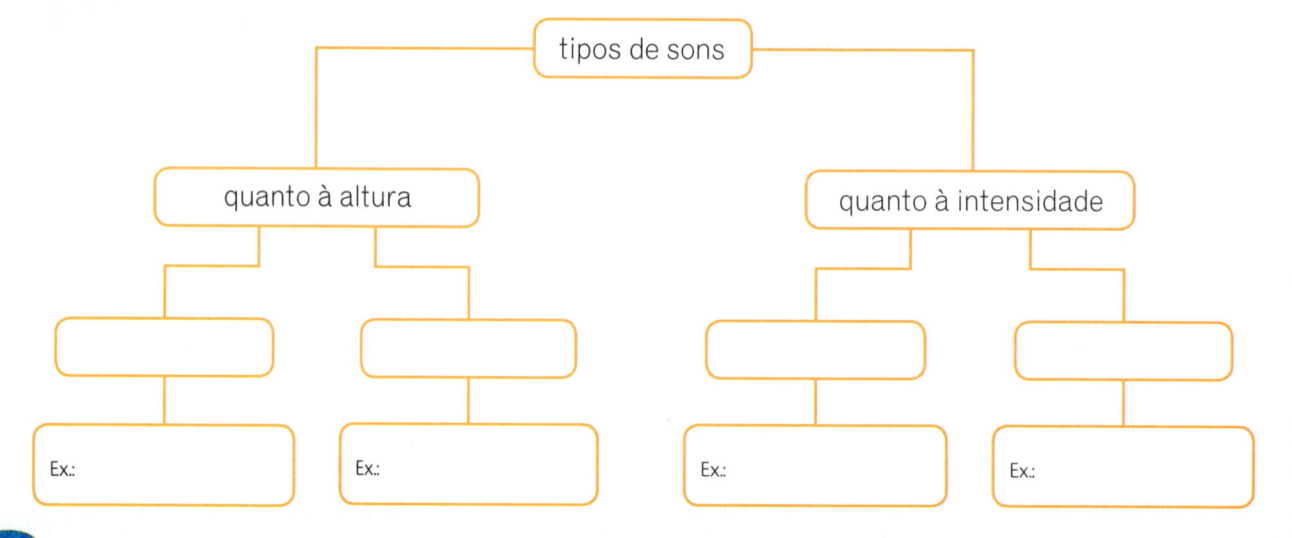

- tipos de sons
  - quanto à altura
    - _____ Ex.:
    - _____ Ex.:
  - quanto à intensidade
    - _____ Ex.:
    - _____ Ex.:

Luz

A luz é uma forma de energia muito importante para os seres vivos. Com ela podemos enxergar o mundo a nossa volta. As plantas dependem dela para realizar a fotossíntese e produzir alimento.

As fontes de luz podem ser naturais, como o Sol; e artificiais, como a lâmpada, o fogo ou a lanterna.

▶ Sol, fonte de luz natural.

▶ Lâmpada, fonte de luz artificial.

Você já deve ter acendido e apagado uma lâmpada muitas vezes durante sua vida. Pense no que acontece quando a lâmpada acende: instantaneamente ela ilumina todo o ambiente. Esta é uma característica da luz: a alta **velocidade** com que se propaga. Outra característica é que ela se propaga em linha reta a partir da fonte luminosa.

Vocabulário

Velocidade: rapidez em que algo acontece.

Corpos que deixam a luz passar completamente, como o vidro, são denominados **transparentes**. Corpos que deixam passar apenas uma parte da luz, como o vidro jateado usado em boxe de banheiro, são **translúcidos**. Os que não deixam a luz passar, como uma lata de conservas, são **opacos**.

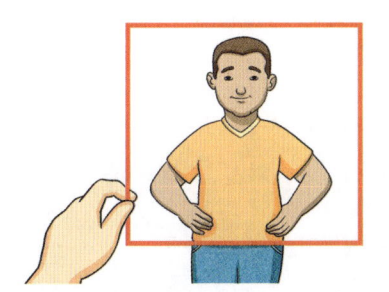

▶ Corpo transparente.

▶ Corpo translúcido.

▶ Corpo opaco.

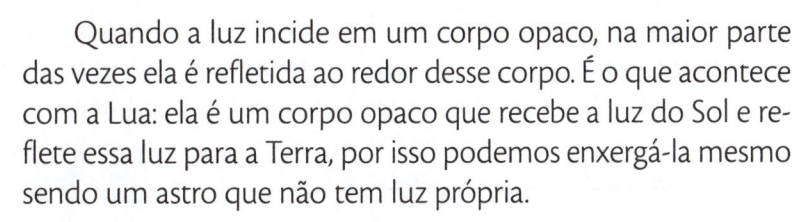

Quando a luz incide em um corpo opaco, na maior parte das vezes ela é refletida ao redor desse corpo. É o que acontece com a Lua: ela é um corpo opaco que recebe a luz do Sol e reflete essa luz para a Terra, por isso podemos enxergá-la mesmo sendo um astro que não tem luz própria.

Ao ser iluminado, um objeto opaco forma, do lado oposto ao da iluminação, uma sombra. A sombra nada mais é do que uma área escura que a luz não alcança.

▶ O homem foi o obstáculo que a luz encontrou, formando a sombra.

Na prática — Experimento

Objetivo

Observar que a luz branca é formada por várias cores.

Material:
- recipiente transparente e cheio de água;
- lanterna;
- folha de papel branca.

Como fazer

1. Coloque a folha de papel branca sobre uma mesa.
2. Ao lado da folha de papel coloque o recipiente com água.
3. Posicione a lanterna ao lado do recipiente com água, de maneira que ele fique entre a lanterna e o papel.
4. Ligue a lanterna e movimente-a lentamente. Observe o que acontece.

1 Com base nos resultados obtidos, responda às questões.

a) Qual é a cor da luz que sai da lanterna?

_____

b) Qual é a cor da luz projetada no papel?

_____

c) O que provocou a mudança de cor no feixe de luz?

_____

d) Na natureza, o arco-íris é um fenômeno parecido com esse. Como você pode explicar a formação do arco-íris com base nesse experimento?

_____

_____

e) Podemos afirmar que a luz branca é formada pela mistura de luzes de várias cores?

_____

Atividades

1 Observe as imagens a seguir e, com base nas características da sombra, indique a localização aproximada da fonte de luz que ilumina os corpos.

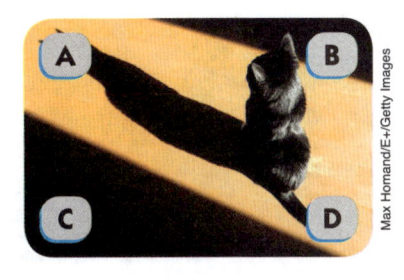

a) Gato.   b) Menina.   c) Morango.

2 Você aprendeu que os corpos podem ser opacos, translúcidos e transparentes. Identifique os objetos a seguir de acordo com essa classificação e explique a característica de cada grupo.

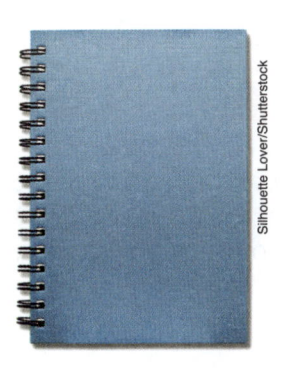

_____
_____
_____

3 Observe as imagens. Em todas elas é possível ver a luz do outro lado do tubo? Justifique sua resposta.

_____
_____

Calor

Calor é a transferência de energia térmica de um corpo a outro por causa da diferença de temperatura entre eles. Essa transferência de energia sempre ocorre do corpo com maior temperatura (quente) para o corpo com menor temperatura (frio). Observe.

▶ O chocolate quente perde calor para o ambiente e, com isso, esfria.

▶ O suco, por estar mais quente do que o gelo, perde calor para ele, ficando mais frio. Com o tempo, se a temperatura estiver muito alta, o gelo receberá calor do ambiente, o que provocará seu derretimento.

Para medir o estado de aquecimento de um corpo, é usado um aparelho denominado **termômetro**. Com ele verificamos a **temperatura** de um corpo.

Há corpos que têm a capacidade de aumentar a temperatura de outros por serem fontes de calor. São exemplos o Sol, o fogo e a lâmpada elétrica.

▶ Termômetro clínico, muito utilizado para medir a temperatura de nosso corpo.

Olho vivo!
O calor altera algumas características dos materiais, fazendo-os aumentar ou diminuir de tamanho.

Na prática — Experimento

Objetivo
Perceber a sensação térmica.

Material:
- recipiente com água gelada;
- recipiente com água quente;
- recipiente com água morna (nem fria, nem quente);
- toalhas de papel.

Olho vivo!
Um adulto aquecerá a água. Não mexa em locais com fogo.

Como fazer
1. Coloque uma das mãos na água gelada e a outra na água quente.
2. Retire a mão da água gelada e coloque-a na água morna.
3. Retire a mão da água quente e coloque-a na água morna.

1 Com base nos resultados do experimento, responda às questões.

a) Qual foi a sensação ao colocar na água morna a mão que estava na água gelada?

_____

b) E quando você colocou na água morna a mão que estava na água quente?

_____

c) Explique com suas palavras o que ocorreu.

_____

_____

_____

_____

_____

_____

◈ Condução de calor

Os condutores térmicos são materiais que permitem a transmissão do calor. Existem bons e maus condutores de calor.

São exemplos de **bons condutores de calor**: o ferro, o alumínio, o cobre e a prata. Esses materiais podem ser encontrados em panelas (de ferro e de alumínio), moedas (de cobre) e em brincos e anéis (de prata).

São exemplos de **maus condutores de calor** ou **isolantes térmicos**: o EPS (sigla de poliestireno expandido), a madeira, a cerâmica, a borracha e a cortiça. A madeira é usada na construção de móveis; a cerâmica, na fabricação de pratos e travessas; a borracha, na fabricação de pneus; e a cortiça, para fazer rolhas.

▶ Os metais, como o ferro e o alumínio, são bons condutores de calor.

▶ EPS é um isolante térmico. Por exemplo, na fotografia, ele dificulta a troca de calor entre o ar e a latinha, o que a mantém gelada por mais tempo.

Na prática — Experimento

Sabemos que o Sol é uma fonte natural de calor. Vamos aproveitar um dia bem ensolarado para realizar o experimento a seguir.

Objetivo

Verificar os objetos que são bons e os que são maus condutores de calor.

Material:
- uma bola de papel;
- uma colher de alumínio;
- um lápis;
- uma moeda.

Como fazer

1. Coloque os objetos em um local iluminado pelo Sol. Procure fazer a atividade no horário de maior luminosidade.
2. Exponha os objetos à luz do Sol por aproximadamente 30 minutos.
3. Após esse tempo, toque cuidadosamente cada um dos materiais.

1 Com base nos resultados, responda às questões a seguir.

a) Quais objetos estavam mais quentes? De que material eles são feitos?

_____

_____

_____

b) Quais objetos não esquentaram ou esquentaram pouco? De que material eles são feitos?

_____

_____

c) Converse com os colegas e busquem uma explicação para o fato de alguns materiais terem esquentado e outros não.

_____

_____

_____

Atividades

1 Responda às questões no caderno.

a) O que é calor?

b) Como ocorre a troca de calor entre dois corpos de diferentes temperaturas?

c) Observe a fotografia a seguir e responda às questões.

- O que está saindo da sopa? Por quê?
- Como acontece a troca de calor entre a sopa e o ar?
- O que acontecerá se a sopa ficar na mesma temperatura do ar?
- Que instrumento deve ser usado para medir a temperatura da sopa?
- O que pode ser feito para manter a sopa quente por mais tempo?

d) Suponha que há, em sua frente, uma bacia com água morna e que sua mão esteja bem gelada devido ao frio do ambiente. Você coloca a mão na bacia com água morna. Como ocorre a troca de calor entre sua mão e a água da bacia?

e) Comprei peixe congelado, mas fiquei preocupado com a possibilidade de ele descongelar até chegar em casa, mesmo morando perto da peixaria. O dono da peixaria disse que não era para eu me preocupar, pois o colocaria dentro de uma embalagem de EPS. Quando cheguei em casa, o peixe continuava congelado. Por que isso aconteceu?

f) Quando um dia está muito frio, os objetos de metal, como os feitos de ferro ou cobre, ficam muito gelados. Já se o dia está quente, esses objetos logo esquentam, até impedindo que encostemos neles. Explique por que isso acontece.

g) Considere uma situação em que cerca de R$ 50,00 da conta mensal de energia elétrica de uma pessoa se devam exclusivamente ao chuveiro elétrico. Se o preço de um painel solar capaz de produzir o aquecimento de água de que essa pessoa necessita é de aproximadamente R$ 1.000,00, em quanto tempo esse valor será compensado?

Brincar e aprender

1 Reúna-se com mais um colega.

Vocês precisarão de um dado e bolinhas de papel coloridas para representá-los no jogo. Os dois devem deixar as bolinhas na casa INÍCIO. Tirem par ou ímpar para ver quem é o primeiro a jogar o dado. O número que sair corresponderá ao número de casas que o jogador deve andar. Ganha quem completar primeiro todo o percurso.

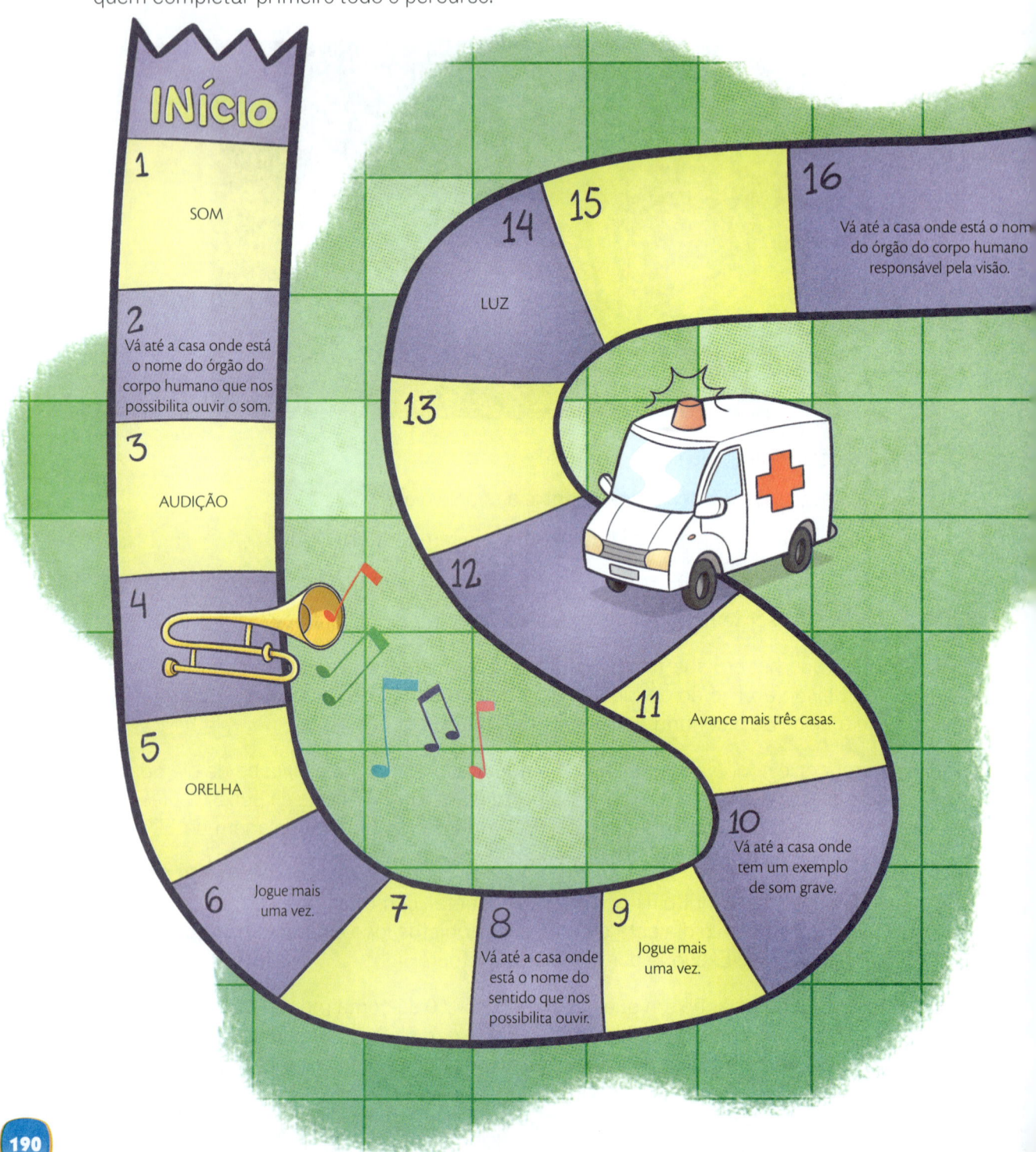

INÍCIO

1 — SOM

2 — Vá até a casa onde está o nome do órgão do corpo humano que nos possibilita ouvir o som.

3 — AUDIÇÃO

4

5 — ORELHA

6 — Jogue mais uma vez.

7

8 — Vá até a casa onde está o nome do sentido que nos possibilita ouvir.

9 — Jogue mais uma vez.

10 — Vá até a casa onde tem um exemplo de som grave.

11 — Avance mais três casas.

12

13

14 — LUZ

15

16 — Vá até a casa onde está o nome do órgão do corpo humano responsável pela visão.

17 VISÃO

18 Vá para a casa com o nome do sentido que nos possibilita ver.

19

20 Jogue mais uma vez.

21 OLHO

22 Volte três casas.

23 CALOR

24

25 Você precisa de um material que não seja bom condutor de calor. Vá até a casa onde tem um desenho desse material.

26

27 Vá para a casa com o nome do órgão do corpo humano que nos faz sentir o calor.

28 Você precisa de um material que seja bom condutor de calor. Vá até a casa onde tem um desenho desse material.

29 Fique uma vez sem jogar.

30 Volte uma casa.

31

PELE

FIM

Revendo o que você aprendeu

1 Leia o texto a seguir e faça o que se pede.

Os desfiles de escolas de samba não são o tipo de evento que passa despercebido por um espectador.

Os sons desse evento são produzidos pela ação dos ritmistas nos instrumentos e chegam às nossas orelhas. Tamborins, pandeiros, surdos e uma grande variedade de instrumentos musicais vibram ao serem tocados. Ao vibrar, emitem as ondas sonoras que ouvimos. Além da forma como o músico toca o instrumento, para que os sons sejam produzidos, é de fundamental importância um meio material, como as pregas vocais do intérprete da música quando canta ou as cordas do violão e do cavaquinho, assim como de todos os demais instrumentos.

▶ Percussionistas da escola de samba Vai-Vai durante Carnaval em São Paulo, São Paulo, 2010.

a) O que é necessário para que um som se propague?

_____

b) Quanto à altura, um som pode ser classificado em grave ou agudo. Diferencie e exemplifique esses dois tipos de som.

_____
_____
_____

c) Quais órgãos de nosso corpo são responsáveis pela recepção dos estímulos sonoros?

_____

2 Vácuo pode ser definido como vazio, sem preenchimento algum. Considerando que o som é uma onda mecânica, ele pode ser transmitido pelo vácuo? Explique.

_____
_____

3 Complete o texto da próxima página usando as palavras do quadro a seguir.

pedaço de madeira	transparente	translúcido	papel vegetal	
opaco	linha reta	natural	artificial	vidro de conserva

A luz do Sol é _____ e muito importante para os seres vivos. Ela se propaga em _____ e, quando produzida por uma lâmpada, é considerada _____. Um corpo que deixa a luz passar por ele é denominado _____, como é o caso de um _____. Um corpo que não deixa a luz passar por ele, como um _____, é denominado _____; e um corpo que deixa passar parcialmente a luz, como o _____, é chamado de _____.

4 Observe a imagem ao lado e responda.

a) Que tipo de fonte luminosa é a lâmpada? E se fosse o Sol?

_____

b) Qual característica da luz está sendo mostrada na imagem e evidenciada pelas setas? Explique.

_____

_____

5 Observe a imagem a seguir e responda.

a) Por que a pessoa usa luva térmica para retirar a fôrma do forno?

_____

_____

b) Por que os biscoitos esfriarão ao serem deixados no ambiente?

_____

c) Quanto mais baixa a temperatura do ambiente, mais rápido os biscoitos esfriam. Você concorda com essa afirmação? Justifique.

_____

_____

Atividades para casa

CAPÍTULO 1

1) Volte ao esquema do esqueleto e localize os ossos listados a seguir, como no item **a**.

a) Tíbia: osso da perna.

b) Fêmur: _____.

c) Úmero: _____.

d) Falanges: _____.

e) Patela: _____.

f) Esterno: _____.

2) Identifique a função dos ossos descrita em cada item a seguir.

a) O encéfalo situa-se dentro do crânio: _____.

b) O coração e os pulmões se localizam dentro da caixa torácica: _____.

c) Ficamos em pé por causa de nosso esqueleto: _____.

3) Responda às questões a seguir.

a) Onde encontramos articulações no corpo humano? _____

b) Escreva uma definição para:

- articulação imóvel – _____
- articulação móvel – _____
- articulação semimóvel – _____

4) Leia com atenção o texto a seguir e responda no caderno às questões propostas.

Fraturas e "ossos de vidro" em crianças devem receber tratamento especial

Normalmente, as crianças não costumam se poupar nas brincadeiras e atividades das quais participam. E dessa forma, até por elas serem frágeis, os riscos de lesões aumentam.

[...]

Miguel Akkari, chefe do departamento de ortopedia pediátrica da Santa Casa de São Paulo, explica: "Os ossos longos, tais como coxas, pernas, braços e antebraços, são os mais comuns de serem fraturados devido à localização no organismo.

Durante o tratamento buscamos alinhar totalmente os fragmentos para que depois de curada, a lesão não tenha a aparência torta. Quanto menor a criança, maior o potencial de remodelação, uma vez que elas estão em pleno desenvolvimento ósseo e corporal".

Porém, se a criança apresentar um quadro de seguidas lesões, a preocupação deve ser maior. A síndrome conhecida como "ossos de vidro" (*osteogenesis imperfecta*) é hereditária e causada por deficiência na produção de colágeno, a matriz óssea.

"A maioria dos pacientes são identificados tardiamente, pois a criança que quebra os ossos do corpo com frequência acaba sendo vista pelos pais como agitada e levada. Assim, eles podem não perceber que estão diante de um problema mais sério", diz Akkari.

A doença provoca fragilidade nos ossos e ocorre em um bebê entre cada 25 a 30 mil nascidos. [...]

Fratura e ossos de vidro em crianças devem receber tratamento especial. Disponível em: <www1.folha.uol.com.br/folhinha/1081542-fraturas-e-ossos-de-vidro-em-criancas-devem-receber-tratamento-especial.shtml>. Acesso em: 15 mar. 2015. FOLHAPRESS.

a) Por que ossos longos, como o fêmur, são mais suscetíveis a fraturas?

b) O que caracteriza "ossos de vidro"? O que causa esse problema?

c) Qual é o tratamento indicado para fraturas?

5 Decifre o diagrama de palavras sabendo que, para letras iguais, os símbolos são iguais. Em seguida, complete as frases. Nas casas em destaque na cor alaranjada aparecerá o nome de um músculo do corpo localizado nas nádegas.

1. O outro nome dado aos tendões é _____.

2. Ao puxarem os ossos, os músculos funcionam como _____.

3. Os movimentos de músculos que não dependem da nossa vontade são _____.

4. Os movimentos de músculos que dependem da nossa vontade são _____.

5. Os _____ ligam os músculos aos ossos.

6. O _____ é um órgão formado por um músculo involuntário.

Atividades para casa

CAPÍTULO 2

1 Quando eu era neném...

Faça uma pesquisa em casa perguntando a seus pais ou responsáveis quais foram os cuidados que eles tiveram de tomar nas seguintes fases de seu desenvolvimento e registre as respostas.

a) Qual foi a primeira vacina que eu tomei? Contra que doença era?
_____

b) Até que mês eu apenas mamei no peito?
_____

c) Em que mês eu comecei a receber outro tipo de alimentação?
_____

d) Comecei a andar com quantos meses?
_____

e) Quais cuidados foram tomados para que eu não me machucasse, depois que comecei a andar?
_____
_____

f) Que tipo de brincadeira eu mais gostava quando era pequeno e que atitudes eram necessárias para a minha proteção ao realizá-la?
_____
_____

2 Observe a tira a seguir e depois faça o que se pede.

a) O que você pode perceber quanto ao desenvolvimento das meninas ao ler essa tira?

_____

b) Que mudanças você pode perceber que ocorreram no corpo da menina mais velha?

_____

_____

c) Em sua opinião, também houve mudança de comportamento?

_____

_____

3 Qual é o hormônio responsável pelas mudanças que ocorrem na puberdade?

a) Nos meninos: _____ .   b) Nas meninas: _____ .

4 Complete o quadro a seguir escrevendo três mudanças que ocorrem no corpo dos meninos e das meninas durante a puberdade.

Meninos	Meninas

5 Escreva o nome dos órgãos sexuais masculinos e femininos que preenchem corretamente as lacunas.

a) Canal muscular que liga o útero às partes externas do sistema genital feminino. _____

b) Por eles são conduzidos os espermatozoides. _____

c) Possibilitam a comunicação entre os ovários e o útero, e é onde ocorre a fecundação.

_____

d) São dois, e sua função é produzir o óvulo e os hormônios femininos. _____

e) São dois, e sua função é produzir espermatozoide e hormônio. _____

f) Órgão sexual que elimina a urina e os espermatozoides. _____

g) Com as vesículas seminais, são responsáveis por produzir um líquido que irá compor o sêmen. _____

Atividades para casa

CAPÍTULO 3

1 Preencha os quadrinhos com os componentes do sistema nervoso central.

a) É responsável por transformar em sensações as mensagens recebidas pelos órgãos dos sentidos.

⬜⬜⬜⬜⬜⬜⬜

b) Fica na parte posterior do encéfalo e controla os movimentos respiratórios, cardíacos, do sistema digestório, entre outros.

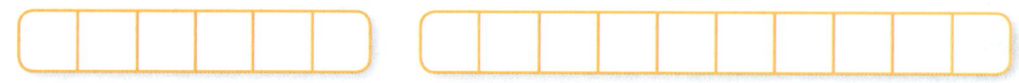

⬜⬜⬜⬜⬜   ⬜⬜⬜⬜⬜⬜⬜⬜⬜

c) É responsável pelo controle do equilíbrio e pela coordenação dos movimentos do corpo.

⬜⬜⬜⬜⬜⬜⬜⬜⬜

d) Cordão nervoso que se estende da região da nuca até aproximadamente o quadril, conduz mensagens e gera respostas rápidas para proteger o organismo.

⬜⬜⬜⬜⬜⬜   ⬜⬜⬜⬜⬜⬜

2 Identifique as imagens que representam ações voluntárias do sistema nervoso (dependem da nossa vontade) e escreva uma legenda para explicar o motivo de elas receberem essa classificação.

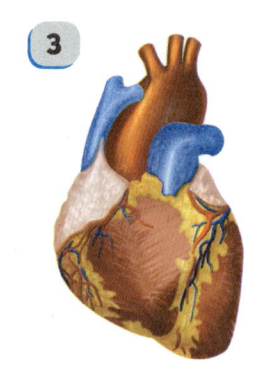

1

2

3

_____
_____
_____

3 Classifique as ações a seguir como voluntárias ou involuntárias.

a) Dilatação e contração da pupila: _____.

b) Nadar: _____.

4 Em relação às estruturas do corpo relacionadas aos sentidos, escreva **V** para visão, **A** para audição, **O** para olfato, **G** para gustação e **T** para tato.

a) ( ) Fossas nasais e nervo.

b) ( ) Papilas gustativas e nervos.

c) ( ) Pele e nervos.

d) ( ) Olhos e nervo.

e) ( ) Pavilhão auditivo e nervo.

5 Classifique as frases a seguir como verdadeiras (**V**) ou falsas (**F**).

a) ( ) Os órgãos dos sentidos permitem a captação dos estímulos do meio ambiente.

b) ( ) O tímpano é uma membrana localizada entre a orelha média e a orelha interna que vibra com os estímulos sonoros.

c) ( ) A pele é o maior órgão do corpo humano e a responsável pelo tato.

d) ( ) A língua é o principal órgão do olfato.

e) ( ) O nariz percebe o cheiro e gera um impulso nervoso que segue ao cérebro por meio do nervo óptico.

f) ( ) Os impulsos nervosos gerados pela captação dos estímulos do ambiente são interpretados pelo cérebro.

g) ( ) Enquanto as orelhas permitem a captação dos estímulos sonoros os olhos permitem a captação dos estímulos luminosos.

Agora, reescreva de forma correta as frases que você marcou como falsas.

_____
_____
_____
_____
_____
_____

Atividades para casa

CAPÍTULO 4

1 No caderno, desenhe ou cole imagens que mostrem a importância do solo.

2 Escolha um animal que vive no solo e faça uma pesquisa sobre ele. Procure descobrir como ele é, o que come, de que forma vive no solo. Depois preencha a ficha a seguir.

Nome do animal: _____
Como ele é: _____
_____
Ele se alimenta de: _____
Como ele se relaciona: _____

3 De acordo com o que você aprendeu sobre compostagem, faça o que se pede.

a) Defina compostagem.

_____
_____
_____

b) Cite duas vantagens do uso de composto em comparação com o adubo artificial.

_____
_____
_____

c) Em sua residência observe qual é a característica dos produtos que serão descartados – embalagens, cascas de frutas, vegetais, restos de comida etc. – e faça uma lista do que pode virar adubo por meio do processo de compostagem. Compare suas anotações com as dos colegas.

_____
_____
_____

4 Relacione a segunda coluna com a primeira.

a) adubação

b) irrigação

c) drenagem

d) aração

e) plantio em degraus

( ) Retirada do excesso de água de um terreno.

( ) Acréscimo de nutrientes ao solo.

( ) Remexida no solo para deixá-lo fofo.

( ) Acréscimo de água ao solo seco.

( ) Terreno inclinado.

5 Leia o texto e responda às questões no caderno.

[...]
No solo podem ser encontrados furinhos, os poros, onde ficam guardadas a água e o ar, usados pelas raízes das plantas e outros organismos para beber e respirar. A medida certa desses elementos, assim como de nutrientes, forma o solo fértil, indispensável para a sobrevivência das **espécies**.

Vocabulário

Espécie: conjunto de indivíduos semelhantes capazes de gerar filhos férteis, ou seja, que podem se reproduzir.

[...] No Brasil, segundo o IBGE, apenas 4,2% do solo é considerado completamente bom e viável para receber culturas agrícolas. O número já é pequeno e, mesmo assim, muitos agricultores e pecuaristas causam agressões ao solo e à água por investirem em rotinas inadequadas, que sugam o solo sem dar nada em troca. Além disso, desmatamentos e queimadas deixam o solo exposto à ação direta das chuvas, o que ocasiona a erosão. Com essa perda de nutrientes, o solo se torna pobre e o produtor rural, em vez de recuperar a área, abandona o local e se desloca para outro, deixando atrás de si um rastro de degradação.

Por ser parte tão importante para o ciclo da vida na terra, o solo deve estar em todas as discussões sobre preservação ambiental. Tanto a curto quanto a longo prazo, é mais barato fazer uma boa manutenção e preservar do que recuperar esse recurso natural.

Regiane Folter. Dia do Solo: vamos repensar? *Vidágua – Instituto ambiental*. Bauru, 3 abr. 2012.
Disponível em: <www.vidagua.org.br/conteudo/1052>. Acesso em: 10 jan. 2015.

a) Que atitudes tornam o solo pouco produtivo?

b) Qual é a principal causa da erosão?

c) De acordo com o texto, por que o produtor rural abandona sua terra? Você acha essa atitude adequada?

Atividades para casa

CAPÍTULO 5

1 Desenhe ou cole imagens, no caderno, de situações que demonstrem a utilidade da água para os seres vivos. Escreva uma legenda para cada imagem ressaltando a importância desse recurso.

2 Circule de azul as formas de utilização da água e de vermelho a importância desse líquido para os seres vivos.

regular a temperatura do organismo	produção de energia
higiene pessoal	constituição dos seres vivos
hábitat de animais e plantas	higiene do ambiente

3 Identifique o estado físico da água.

a) A neve e o granizo são exemplos de água no estado: _____.

b) As águas da chuva, do mar e dos rios são águas no estado: _____.

c) A água da atmosfera pode se encontrar no estado: _____.

4 Associe as mudanças de estados físicos da água com suas definições.

a) solidificação ◯ Passagem de líquido para vapor de forma lenta.

b) fusão ◯ Passagem rápida e acelerada de líquido para vapor.

c) evaporação ◯ Passagem do estado sólido para líquido.

d) ebulição ◯ Passagem quase instantânea de líquido para vapor.

e) calefação ◯ Água no estado de vapor passa para líquido.

f) condensação ◯ Passagem do estado líquido para sólido.

5 A água tem algumas propriedades. Identifique cada uma delas nos exemplos a seguir e explique-as.

a) Anita viu um pernilongo pousando na bacia de água do cachorro.

_____

_____

_____

b) Celso queria tomar uma limonada; mas, como não tinha limão em casa, preparou um refresco em pó.

_____

_____

c) Jonas resolveu mergulhar para ver como é o fundo do mar, mas para isso precisou de equipamento especial.

_____

_____

6 Leia as perguntas e marque com um **X** o quadradinho com a resposta correta.

a) A filtração elimina todas as impurezas da água? ☐ SIM. ☐ NÃO.

b) A água potável pode ser consumida? ☐ SIM. ☐ NÃO.

c) Ferver a água pode eliminar microrganismos que causam doenças? ☐ SIM. ☐ NÃO.

d) O filtro deve ser lavado somente uma vez por ano? ☐ SIM. ☐ NÃO.

7 Por que o esgoto não deve ser lançado diretamente na natureza?

_____

_____

_____

8 Sabendo que a água exerce pressão sobre os corpos, observe a imagem do prédio ao lado e relacione as afirmações com os andares a que elas se referem. Considere que a caixa-d'água está acima do último andar.

a) A pressão da água nesse andar é tão grande que nem é preciso abrir todo o registro para sair bastante água do chuveiro.

b) A água nesse andar sai das torneiras quase sem pressão.

c) Nesse andar a água apresenta pressão moderada.

Atividades para casa

CAPÍTULO 6

1) Marque um **X** nas opções que indicam a importância do ar.

a) ☐ Mantém o planeta aquecido.

b) ☐ Ajuda a diminuir os impactos dos meteoroides.

c) ☐ Transforma os meteoros em grandes pedaços de rochas.

d) ☐ É composto de gás oxigênio, gás carbônico e outros gases, indispensáveis para a vida na Terra.

e) ☐ Usado para o lazer.

2) Numere a segunda coluna de acordo com a primeira.

[1] gás oxigênio   ☐ Representa aproximadamente 78% do ar.

[2] gás nitrogênio ☐ Utilizado pelas plantas para fazer fotossíntese.

[3] gás carbônico   ☐ Fundamental na respiração dos seres humanos.

3) Complete o texto.

O _____ é o gás mais abundante na atmosfera. O _____ é o segundo gás mais abundante; ele é usado na _____ da maioria dos seres vivos. Já o _____ é importante na manutenção da _____ do planeta e na produção de _____ pelas plantas.

4) Escreva **V** nas frases verdadeiras e **F** nas falsas.

a) ☐ O ar tem massa.

b) ☐ O ar ocupa lugar no espaço.

c) ☐ O ar apresenta sempre a mesma forma.

Agora reescreva de forma correta a frase que você marcou como falsa.

_____

_____

5 Identifique o tipo de vento.

a) _____

b) _____

6 Complete os espaços.

a) Capacidade do ar de ocupar um menor espaço. _ _ M _ _ _ _ _ _ _ _ _ _ _ _ _ _

b) Muito ar ocupando pouco espaço. _ O _ _ _ _ _ _ _ _ _

c) Pouco ar num certo espaço. _ _ _ _ _ _ _ _ T _

d) Capacidade do ar de voltar a ocupar o volume inicial. _ _ A _ _ _ _ _ _ _ _ _ _

7 Ligue cada imagem com a propriedade do ar que ela representa.

a) Ocupa lugar no espaço.

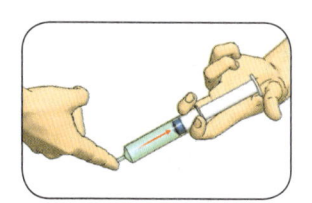

b) O ar tem massa.

c) Compressibilidade.

d) Elasticidade.

Atividades para casa

CAPÍTULO 7

1 Escreva **V** nas frases verdadeiras e **F** nas falsas.

a) ☐ Nosso planeta tem variados ambientes.

b) ☐ A Terra tem ambientes gelados, secos, com vegetação densa, entre outros.

c) ☐ Cada ambiente do planeta tem características próprias que variam com a altitude e a quantidade de luz do Sol.

d) ☐ As regiões polares são muito quentes e secas.

e) ☐ Há duas regiões polares: Norte e Sul; a primeira é mais fria que a segunda.

2 Reescreva as frases que você assinalou como falsas na questão anterior corrigindo-as.

_____

_____

3 Leia o texto a seguir e responda às questões.

Quais animais hibernam? Por quê?

Esquilos, morcegos, marmotas, ratos silvestres, *hamsters* e ouriços são alguns dos animais que hibernam. Eles fazem isso para poupar energia durante o inverno, já que, nessa estação, a comida é escassa. O fenômeno só acontece com animais homeotermos (que têm a temperatura corporal constante) e que vivem em regiões temperadas e árticas, onde o frio é muito rigoroso. "Ao hibernar, o animal parece estar morto, mas o que acontece, na verdade, é uma brusca redução nas atividades do seu organismo", diz a bióloga Cecília Pessutti, do Zoológico de Sorocaba, SP. A temperatura do corpo cai, a respiração quase cessa e os batimentos do coração ficam tão lentos que se tornam praticamente imperceptíveis. "O estado de inatividade é tão profundo que o animal não desperta nem se for chacoalhado", afirma Cecília.

A hibernação pode durar semanas e funciona também como um regime de dar inveja a qualquer ser humano em dieta: o animal consome a gordura acumulada em seu corpo ou acorda de tempos em tempos para comer alimentos estocados no ninho. Algumas espécies chegam a perder metade do peso durante a hibernação! O bicho só abandona essa interminável soneca quando a temperatura do ambiente começa a subir. [...]

Publicado na revista *Mundo Estranho*, São Paulo, Abril, ed. 6, ago. 2002, p. 48-49.
Disponível em: <http://mundoestranho.abril.com.br/materia/quais-animais-hibernam-por-que>. Acesso em: 24 jan. 2015

a) Quais são as vantagens da hibernação no período de inverno?

_____

_____

b) Escreva duas mudanças no funcionamento do corpo de um animal que está hibernando.

_____

_____

_____

4 Circule as características dos desertos.

> solo muito seco   solo muito úmido   chove muito   chove pouco
> temperatura variável   temperatura sempre fria   solo com areia e rochas

5 Qual é a principal diferença quanto à vegetação entre campos e florestas?

_____

_____

_____

6 As imagens a seguir representam duas cidades diferentes. Uma delas representa uma cidade ideal, onde há respeito pela natureza; a outra é uma cidade com diversos problemas urbanos. Marque um **X** em cinco características de uma cidade considerada ideal. Circule cinco problemas que a segunda cidade apresenta.

7 No caderno, ilustre duas atitudes que as pessoas devem ter no dia a dia para auxiliar no desenvolvimento sustentável.

Atividades para casa

CAPÍTULO 8

1 Diferencie e exemplifique som agudo e som grave.

_____
_____

2 Procure imagens de materiais opacos, transparentes e translúcidos e em três folhas avulsas cole-as, classifique-as e descreva suas características. O professor organizará um mural com o que você e seus colegas produzirem.

3 Estas panelas são de ferro, e o cabo de uma delas é de madeira. Com base no que você aprendeu sobre condutores e isolantes térmicos, explique o motivo de a panela não ser toda de ferro.

Kateholms/Shutterstock

_____
_____
_____
_____
_____

4 Classifique os materiais listados a seguir. Preencha os ☐ com **1** quando o material for um bom condutor de calor e com **2** quando for um mau condutor de calor.

a) ☐ ferro

b) ☐ EPS (poliestireno expandido)

c) ☐ cortiça

d) ☐ alumínio

e) ☐ prata

f) ☐ madeira

g) ☐ cerâmica

h) ☐ papel-alumínio

5 Leia o texto a seguir e responda às questões propostas.

> Vivemos rotineiramente em contato com a fonte mais expressiva de energia de nosso planeta, e quase nunca consideramos sua importância como solução para nossos problemas de suprimento energético, sem poluir nem ameaçar nosso meio socioambiental. A energia solar é a fonte alternativa ideal, especialmente por algumas características básicas: é abundante, permanente, renovável a cada dia, não polui nem prejudica o ecossistema e é gratuita. [...]
>
> Limpa e ecologicamente correta, a energia solar também pode fazer uma boa diferença no bolso do consumidor. Em Belo Horizonte, substituir o chuveiro elétrico virou moda. O aparelho, que consome muita energia e aumenta o preço da conta no fim do mês, está sendo trocado por água aquecida pelo calor da luz solar. [...]
>
> Sergio Gasques Rodrigues. Energia solar. *Revista Eletrônica de Ciências*. Disponível em: <http://cdcc.sc.usp.br/ciencia/artigos/art_08/energiasolar.html>. Acesso em: 5 fev. 2015.

a) A qual fonte mais expressiva de energia de nosso planeta o texto se refere?

b) Quais são as vantagens da energia solar para a natureza e o consumidor?

c) A maior parte da energia elétrica usada no Brasil vem de hidrelétricas. Qual é o recurso natural usado para produzir energia elétrica na hidrelétrica? E para produzir energia solar?

Encartes

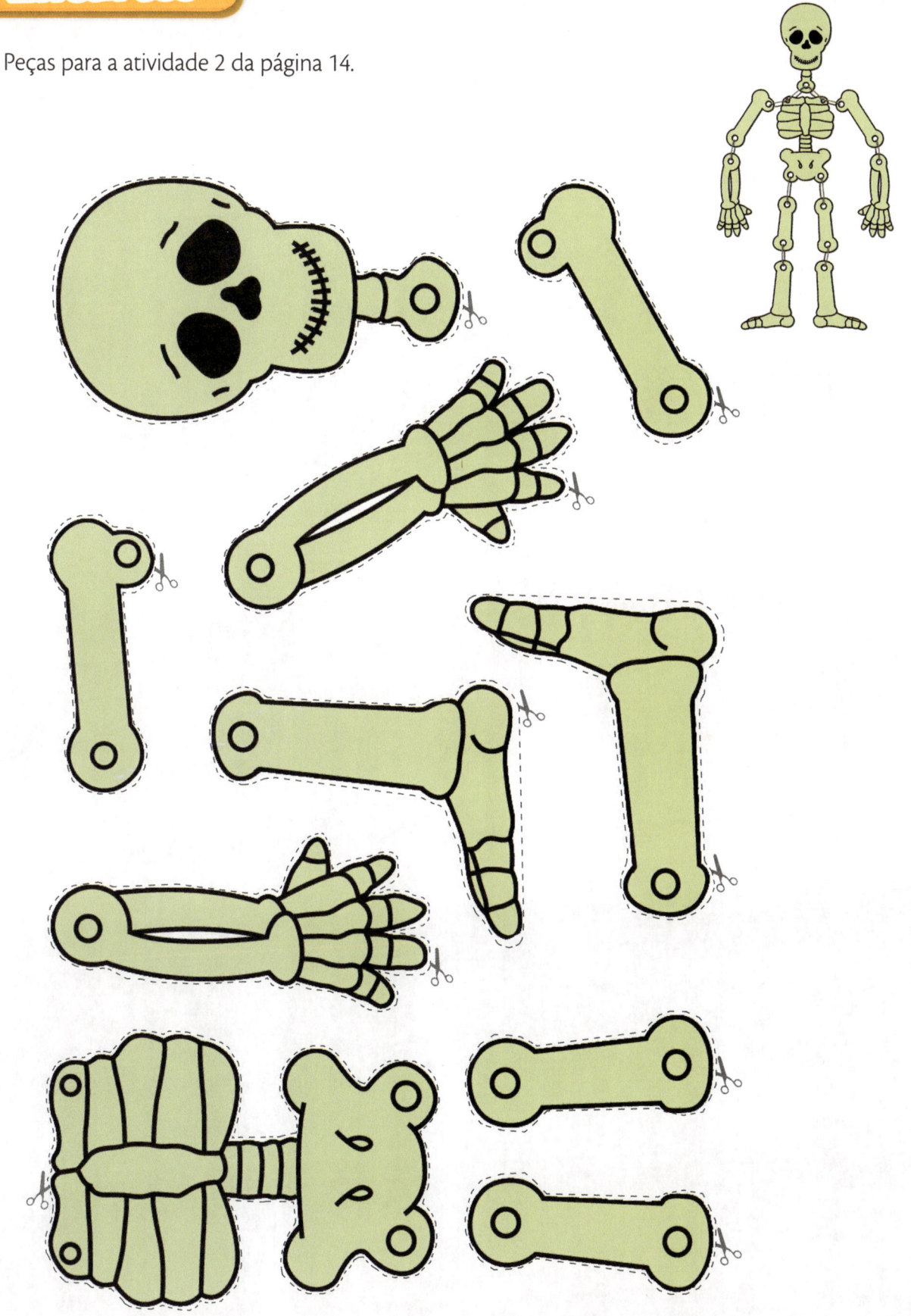

Peças para a atividade 2 da página 14.

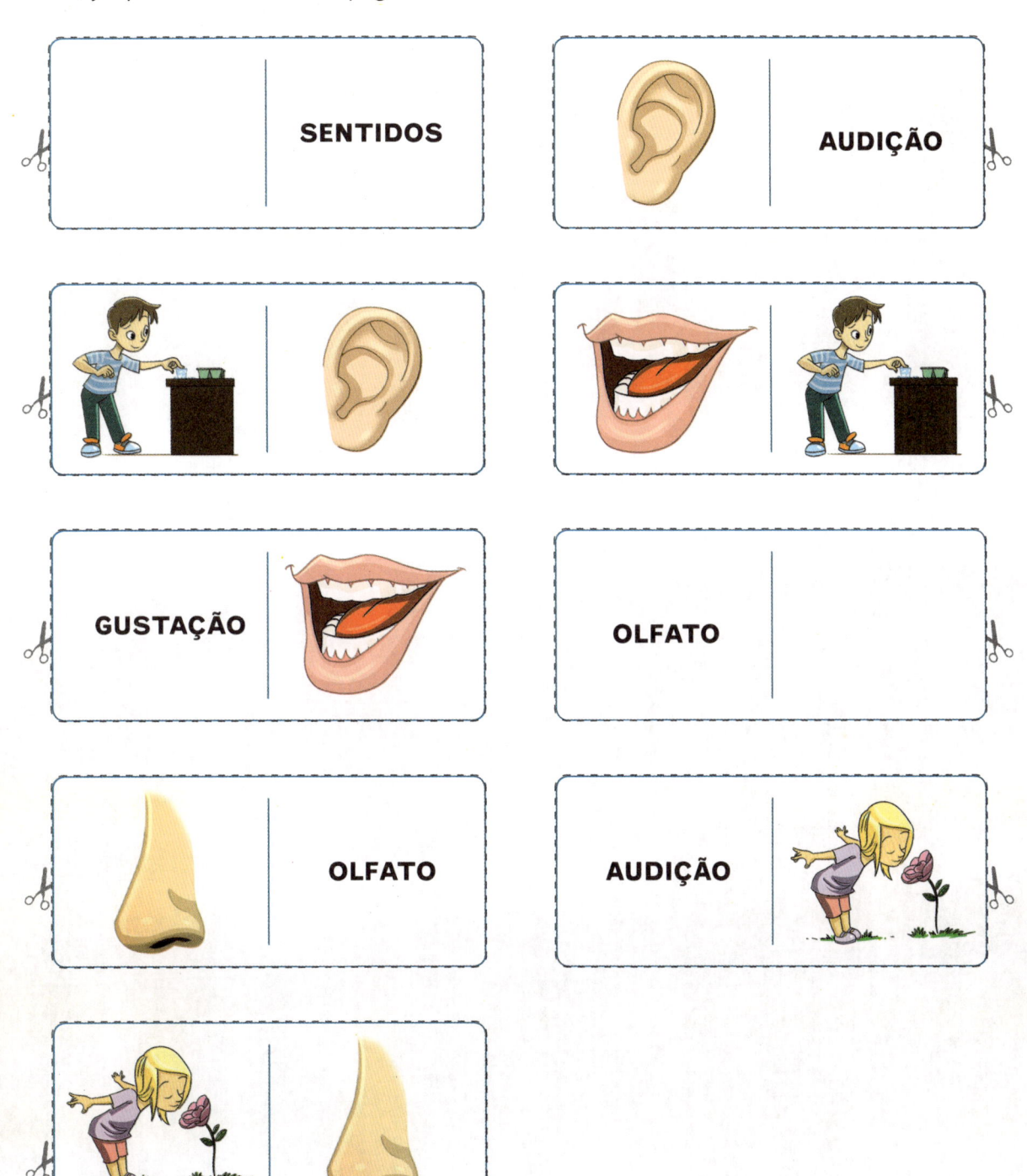

Peças para a atividade 2 da página 58.

	SENTIDOS		🦻	AUDIÇÃO

| 👦 | 🦻 | | 👄 | 👦 |

| GUSTAÇÃO | 👄 | | OLFATO | |

| 👃 | OLFATO | | AUDIÇÃO | 👧🌷 |

| 👧🌷 | 👃 |

213

Peças para a atividade 2 da página 58.

GUSTAÇÃO	TATO — SENTIDOS
TATO	VISÃO
VISÃO	
	SENTIDOS

Peças para a atividade da página 86.

Peças para a atividade da página 86.

Peças para a atividade da página 86.

Encartes

Peças para a atividade 5 da página 177.